教育部人文社会科学研究基金青年项目（批准号：21YFCZH176）
北方工业大学北京城市治理研究基地资助项目（项目编号：2023CSZL01）
国家自然科学基金青年项目（批准号：71603004）

绿色协调发展视角下国家治理实践问题研究

LÜSE XIETIAO FAZHAN SHIJIAO XIA GUOJIA ZHILI SHIJIAN WENTI YANJIU

吴 丹　冀晨辉◎著

河海大学出版社

·南京·

内容提要

本书以国家治理实践为切入点,贯彻落实绿色、协调发展理念,对国家发展规划战略分析与实践认识、国家治理的多维协调发展能力评价、农业现代化的绿色发展模式与进程评价、国家水治理评估体系、国家教育现代化的发展模式与进程评价、流域初始水权分配模式与多层递阶决策方法、京津冀协同发展评价体系、京津冀地区经济发展与能源消耗评价进行研究。本书可供高等学校相关专业本科生和研究生以及从事国家治理实践研究的相关管理者和研究者学习参考。

图书在版编目(CIP)数据

绿色协调发展视角下国家治理实践问题研究 / 吴丹,冀晨辉著. -- 南京:河海大学出版社,2023.9
ISBN 978-7-5630-7529-4

Ⅰ.①绿… Ⅱ.①吴… ②冀… Ⅲ.①国家一行政管理一研究一中国 Ⅳ.①D630.1

中国版本图书馆 CIP 数据核字(2022)第 081724 号

书　　名	绿色协调发展视角下国家治理实践问题研究	
书　　号	ISBN 978-7-5630-7529-4	
责任编辑	成　微	
特约校对	成　黎	
封面设计	徐娟娟	
出版发行	河海大学出版社	
地　　址	南京市西康路 1 号(邮编:210098)	
网　　址	http://www.hhup.cm	
电　　话	(025)83737852(总编室)　(025)83787769(编辑室)	
	(025)83722833(营销部)	
经　　销	江苏省新华发行集团有限公司	
排　　版	南京布克文化发展有限公司	
印　　刷	广东虎彩云印刷有限公司	
开　　本	700 毫米×1000 毫米　1/16	
印　　张	10	
字　　数	190 千字	
版　　次	2023 年 9 月第 1 版	
印　　次	2023 年 9 月第 1 次印刷	
定　　价	58.00 元	

前　言

改革开放以来,中国发展模式不断创新,国民经济和社会发展战略结构不断优化。改革初期,国家发展强调"以经济建设为中心"、物质文明和精神文明建设"两手抓"。随后,党的十六大报告提出了物质文明、精神文明和政治文明"三位一体"的建设目标,十六届三中全会提出了统筹城乡发展、区域发展、经济社会发展、人与自然和谐发展、国内发展和对外开放的"五个统筹"发展要求。党的十七大报告进一步提出了经济、政治、文化和社会"四位一体"的建设体系,党的十八大报告提出了经济、政治、文化、社会和生态文明"五位一体"的建设体系。《中共中央关于制定国民经济和社会发展第十三个五年规划的建议》强调发展是第一要务,以经济建设为中心,同时强调以提高发展质量和效益为中心,坚持以人民为中心的发展思想,贯彻"创新、协调、绿色、开放、共享"五大发展理念,把增进人民福祉、促进人的全面发展作为发展的出发点和落脚点,这正是中国国家发展的核心理念和思想。

党的十八届三中全会通过的《中共中央关于全面深化改革若干重大问题的决定》提出了"国家治理现代化"这一重大命题,即"推进国家治理体系和治理能力现代化",既是对工业现代化、农业现代化、国防现代化、科学技术现代化"四个现代化"内涵的凝练扩充,也是对国家改革总目标的顶层设计。国家治理能力现代化的关键任务是提高国家治理绩效和治理能力。国家发展从"强调经济增长和经济发展",转变为"经济与社会协调发展",再到"经济-社会-环境协调发展",进而发展为"全面发展",即经济发展同社会进步、环境改善、民生服务目标进行融合,共同支撑全面发展。党的十九届五中全会通过的《中共中央关于制定国民经济和社会发展第十四个五年规划和二〇三五年远景目标的建议》强调,当今世界正经历百年未有之大变局,我国已进入全面建设社会主义现代化国家的高质量发展阶段,要坚定不移贯彻新发展理念,加快构建以国内大循环为主体、国内国际循环相互促进的新发展格局,为我国经济社会高质量发展、如期实现社会主义现代化强国的目标开好局、起好步。

本书以国家治理实践为切入点,贯彻落实绿色、协调发展理念,深入开展国民经济和社会发展的治理实践研究,主要包括:国家发展规划战略分析与实践认识研究、国家治理的多维协调发展能力评价研究、农业现代化的绿色发展模式与进程评价研究、国家水治理评估体系研究、国家教育现代化的发展模式与进程评价研究、流域初始水权分配的多层递阶决策方法研究、京津冀协同发展评价体系研究、京津冀地区经济发展与能源消耗评价研究。

本书共分为八个篇章。

第一章为国家发展规划战略分析与实践认识研究,凝练了国家发展五年规划的战略分析理论框架:背景分析—主题与主线确定—战略定位与设计—战略实施。其中,背景分析包括五年规划评估和发展诊断;主题与主线确定包括五年规划战略主题与发展主线;战略定位与设计包括战略指导方针、战略目标与指标;战略实施包括重大战略任务、政策导向与项目。

第二章为国家治理的多维协调发展能力评价研究,从经济发展、科教发展、资源环境、民生服务4个维度,构建了国家治理的现代化要素与评价指标体系;动态评估了不同时期国家治理的4个维度绩效指数及其整体绩效指数,度量了国家治理的多维绩效贡献;综合评价了国家治理4个维度之间的协调发展能力指数。

第三章为北大荒农业现代化的绿色发展模式与进程评价研究,将北大荒农业现代化作为国家农业现代化的缩影,探讨了北大荒农业现代化的绿色发展理念;探索了北大荒农业现代化的绿色发展模式;系统设计了农业现代化的绿色发展评价指标体系,综合评价了北大荒农业现代化的绿色发展进程;提出了北大荒农业现代化的制度保障。

第四章为国家水治理评估体系研究,探讨了国家水治理的目标设定、分析思路与特征表现;从资源-社会-经济-生态-环境5个维度,系统设计了国家水治理评估指标体系,综合评估了国家水治理现状;科学预测了国家水治理的未来发展趋势。

第五章为国家教育现代化的发展模式与进程评价研究,探索了教育现代化的发展模式,深入剖析了教育现代化进程的主要特征演变;从教育发展水平、教育条件保障、教育师资队伍建设等方面,系统设计了教育现代化评价指标体系,评价了教育现代化的综合实现程度。

第六章为流域初始水权分配的多层递阶决策方法研究,强化用水总量和用水强度控制作用,建立了流域初始水权分配的多层递阶决策模型,有效模拟流域内不同层面水权相关利益主体之间的民主协商及其上级层面行政仲裁过程,实现"流域-省区-市区-行业"层级结构的水权分配,优化流域社会经济综合效益。

第七章为京津冀协同发展评价体系研究,从科技、经济、社会、生态等多维视角,系统设计了京津冀协同发展评价指标体系与方法;动态评价了京津冀地区科技-经济-社会-生态耦合协调水平,对比评价了不同时期京津冀地区的局部协同发展水平与整体协同发展能力;因地制宜提出了提升京津冀协同发展能力的对策建议。

第八章为京津冀地区经济发展与能源消耗脱钩评价研究,提出引入经济驱动力-能源消耗压力-能源消耗效率指标,设计脱钩时态判别框架,评价京津冀地区经济发展与能源消耗的脱钩时态,全面剖析京津冀地区脱钩的内在机理,对京津冀能源消耗进行预测与展望。

本书从不同角度反映国家治理理论研究与实践应用,对于关心国家治理实践的读者具有较强的可读性和一定的借鉴意义,对于高等学校本科生和研究生、从事国家治理实践研究的相关管理者和研究者具有重要参考价值。本书写作过程中,作者受到知识、时间等多方面的限制,研究成果不尽完善,难免存在许多不足之处,殷切期望同行专家和广大读者能够批评指正,从而有助于笔者继续深入系统的研究。希望本书的出版有利于进一步推进国家治理实践问题的深入研究。

作者

2023 年 6 月

目 录

第一章 国家发展规划战略分析与实践认识研究 ………………………… 1
1.1 引言 ……………………………………………………………………… 1
1.2 背景分析 ………………………………………………………………… 2
    1.2.1 规划评估 ………………………………………………………… 3
    1.2.2 发展诊断 ………………………………………………………… 6
1.3 主题与主线确定 ………………………………………………………… 8
    1.3.1 主题 ……………………………………………………………… 8
    1.3.2 主线 ……………………………………………………………… 9
1.4 战略定位与设计 ………………………………………………………… 10
    1.4.1 指导方针 ………………………………………………………… 12
    1.4.2 目标与指标 ……………………………………………………… 14
1.5 战略实施 ………………………………………………………………… 17
    1.5.1 重大任务 ………………………………………………………… 17
    1.5.2 政策导向与项目 ………………………………………………… 20
1.6 结语 ……………………………………………………………………… 21
参考文献 ……………………………………………………………………… 22

第二章 国家治理的多维协调发展能力评价研究 ………………………… 23
2.1 引言 ……………………………………………………………………… 23
2.2 国家治理的现代化要素与评价指标体系 ……………………………… 25
2.3 国家治理的多维协调发展能力评价方法 ……………………………… 27
    2.3.1 多维绩效贡献度量方法 ………………………………………… 27
    2.3.2 多维协调发展能力评价方法 …………………………………… 28
2.4 实证研究 ………………………………………………………………… 30
    2.4.1 国家治理的多维绩效贡献度量 ………………………………… 31

  2.4.2 国家治理的多维协调发展能力评价 ································ 33
 2.5 结语 ··· 33
 参考文献 ··· 35

第三章 北大荒农业现代化的绿色发展模式与进程评价研究 ············ 37
 3.1 引言 ··· 37
 3.2 北大荒农业现代化的绿色发展理念 ······························· 39
  3.2.1 农业现代化的绿色发展内涵与目标 ························· 39
  3.2.2 农业现代化的绿色发展特征 ································ 40
 3.3 北大荒农业现代化的绿色发展模式 ······························· 41
  3.3.1 绿色农业建设：构建绿色产业链循环经济，制定新型工业化发展规划，
     优化空间布局 ·· 42
  3.3.2 绿色林业建设：增加林业效益，构建生态屏障 ············ 42
  3.3.3 绿色水利建设：完善水利基础设施建设，破解地下水资源瓶颈 ··· 43
 3.4 北大荒农业现代化的绿色发展进程评价 ························· 45
 3.5 北大荒农业现代化的绿色发展制度保障 ························· 47
  3.5.1 创新双层经营体制 ·· 47
  3.5.2 形成"场县共建"（垦地共建）机制 ······················· 48
 3.6 结论 ··· 48
 参考文献 ··· 48

第四章 国家水治理评估体系研究 ·································· 50
 4.1 引言 ··· 50
 4.2 国家水治理的分析思路与特征表现 ······························· 52
  4.2.1 水治理目标设定 ·· 52
  4.2.2 水治理分析思路 ·· 52
  4.2.3 水治理特征表现 ·· 54
 4.3 国家水治理指数评估与预测 ······································· 57
  4.3.1 水治理指数评估 ·· 58
  4.3.2 水治理展望 ··· 60
 4.4 结语 ··· 62
 参考文献 ··· 63

第五章　国家教育现代化的发展模式与进程评价研究　66
- 5.1　引言　66
- 5.2　国家教育现代化发展模式　68
- 5.3　国家教育现代化进程评价　71
- 5.4　展望　75
- 参考文献　75

第六章　流域初始水权分配的多层递阶决策方法研究　77
- 6.1　引言　77
- 6.2　流域初始水权分配的多层递阶决策模型　79
  - 6.2.1　"流域-省区"层面的目标函数与约束条件　79
  - 6.2.2　"省区-市区"层面的目标函数与约束条件　82
  - 6.2.3　"市区-行业"层面的目标函数与约束条件　84
- 6.3　多层递阶决策模型的求解方法　85
- 6.4　实证分析　87
  - 6.4.1　大凌河流域初始水权分配的初始解方案　87
  - 6.4.2　大凌河流域初始水权分配的优化方案　89
- 6.5　结论　91
- 参考文献　91

第七章　京津冀协同发展评价体系研究　94
- 7.1　引言　94
- 7.2　京津冀协同发展评价指标体系设计　97
  - 7.2.1　指标定性筛选　97
  - 7.2.2　指标定量筛选　100
- 7.3　京津冀协同发展评价方法　102
  - 7.3.1　京津冀地区发展水平动态对比评价方法　102
  - 7.3.2　京津冀地区科技-经济-社会-生态耦合协调水平评价方法　103
  - 7.3.3　京津冀地区协同发展水平动态评价方法　104
- 7.4　京津冀协同发展评价结果　107
  - 7.4.1　京津冀地区发展水平动态评价　107
  - 7.4.2　京津冀地区科技-经济-社会-生态耦合协调水平评价　112
  - 7.4.3　京津冀地区协同发展水平动态评价　117

7.5 结论与对策建议 …………………………………………………… 122
    7.5.1 结论 ……………………………………………………… 122
    7.5.2 主要问题 …………………………………………………… 123
    7.5.3 对策建议 …………………………………………………… 124
参考文献 …………………………………………………………… 126

第八章 京津冀经济发展与能源消耗脱钩评价研究 ………………… 130
 8.1 引言 ………………………………………………………… 130
 8.2 研究方法设计 ……………………………………………… 133
    8.2.1 经济发展与能源消耗脱钩评价模式 ……………………… 133
    8.2.2 经济发展与能源消耗脱钩的驱动效应分解模型 ………… 135
 8.3 实证研究 …………………………………………………… 136
    8.3.1 京津冀经济发展与能源消耗的脱钩态势评价 …………… 136
    8.3.2 京津冀产业能耗结构变迁与双控行动成效 ……………… 139
    8.3.3 京津冀产业能耗脱钩的驱动效应分解及脱钩态势 ……… 141
    8.3.4 京津冀经济发展与能耗脱钩的驱动机制分析 …………… 143
 8.4 结语 ………………………………………………………… 144
参考文献 …………………………………………………………… 145

第一章
国家发展规划战略分析与实践认识研究

在我国，国家发展规划是未来五年国民经济和社会发展的宏伟蓝图，是全国各族人民共同的行动纲领，是中国特色社会主义现代化建设的重要手段。国家发展五年规划强调结合经济、政治、社会、文化、生态"五位一体"的社会主义现代化建设，提出未来五年国民经济和社会发展的总体战略，其基本思路和关键方法是将国家领导人的战略战术思想与公共政策分析方法两者有机结合。国家发展五年规划的战略分析理论框架为：背景分析—主题与主线确定—战略定位与设计—战略实施。首先，进行五年规划背景分析，通过规划评估和发展诊断，从我国基本国情出发，对国际国内形势做出综合科学判断；同时，分析不同时期国家发展的重大矛盾和重大关系的阶段性特征，把握重点矛盾与矛盾的重点。其次，确定新一轮五年国家发展的主题与主线。然后，明确具体的战略定位，确定指导方针，进行战略目标制定和量化指标设计。最后，确定战略实施的重大任务、政策导向与项目。国家发展五年规划体现了中国特色社会主义现代化发展道路的独特性，是中国科学发展方向、战略、目标、政策之集大成。

1.1 引言

1952年12月22日，中央发出了《关于编制一九五三年计划及五年建设计划纲要的指示》，明确阐述了"五年计划"制定的必要性。1954年3月，陈云同志提交了《五年计划纲要（初稿）》。1955年3月，中国共产党全国代表会议通过了《五年计划纲要》，同年7月30日，一届全国人大二次会议正式通过了第一个五年计划，由此开创了制定我国国民经济和社会发展五年规划、建设中国特色社会主义现代化社会的历史。1992年，邓小平指出："我国的经济发展，总要力争隔几年上一个台阶。""从我们自己这些年的经验来看，经济发展隔几年上一个台阶,是能够办得到的。"[1]邓小平总结出了中国社会主义现代化建设的方法论,即每个五年规划就迈上一个新台阶。改革开放以来,中国持续数十年的高速经济增长已经创造了人类历史上经济发展的奇迹。中国走出了一条独特的五年规划之路。

新中国成立以来,除了1949年至1952年底为国民经济恢复时期和1963年至1965年为国民经济调整时期外,中国已经经历了十个五年计划,并从"十一五"开始,"五年计划"变成了"五年规划",标志着"以经济发展为主"五年计划转型成了"以公共事务治理为主"的五年规划。国家发展五年规划体制作为中国国家治理体系的重要组成部分,在计划经济向社会主义市场经济转型的过程中不断自我调适,制度体系不断完善。特别是2008年金融危机以来,世界重新认识中国的发展模式,国家发展五年规划体制被认为是中国的制度优势,并成为新的国际学术热点和学术前沿。

国家发展五年规划是未来五年国民经济和社会发展的宏伟蓝图,是全国各族人民共同的行动纲领,是关于特定目标和资源配置的决策,以及推动目标实现的一系列行动规划,是中国特色社会主义现代化建设的重要手段。国家发展五年规划强调结合经济、政治、社会、文化、生态"五位一体"的社会主义现代化建设,提出未来五年国民经济和社会发展的总体战略,其基本思路和关键方法是将国家领导人的战略战术思想与公共政策分析方法两者有机结合。国家发展五年规划的战略分析理论框架为:背景分析—主题与主线确定—战略定位与设计—战略实施。即,首先进行五年规划背景分析,通过规划评估和发展诊断,从我国基本国情出发,对国际国内形势做出科学、综合判断;同时,分析不同时期国家发展的重大矛盾和重大关系阶段性特征,把握重点矛盾与矛盾的重点。其次,明确新一轮五年国家发展的主题与主线。然后,明确具体的战略定位,确定指导方针,进行战略目标制定和量化指标设计。最后,确定战略实施的重大任务、政策导向与项目。国家发展五年规划体现了中国特色社会主义现代化发展道路的独特性,是中国科学发展方向、战略、目标、政策之集大成。

1.2 背景分析

我国国民经济与社会发展在不同时期不断发生深刻变化,呈现新的阶段性特征。国家发展五年规划是在理论与实践认识的基础上提出新一轮五年国家发展的总体思路与目标。国家发展五年规划的背景分析是五年规划的起点和出发点,是对过去和现在我国国民经济和社会发展进行的现状分析,是制定未来五年国民经济和社会发展战略的认识基础和客观依据。这需要在五年规划评估的基础上，追踪和分析国际和国内的发展动态，了解新一轮五年发展的国际环境和周边环境，识别新一轮五年发展的机遇与挑战。① 新一轮五年发展思路与目标的制定必须结合国际发展趋势和国内发展变化的历史维度这一背景，重新认识新一轮五年的发展定位。因此，国家发展五年规划的背景分析主要分为两个阶段，第一个阶段是规划评估，对正在实行的五年规划发展情况进行中期或后期评估；第二个阶段是发展诊断，在后期评估的基础上，对新一轮五年国民经济与社会发展的阶段特征与矛盾进行判断。

1.2.1 规划评估

国家发展五年规划实施效果的评估，是对国家发展五年规划实施制度完善的一种自我认识和尝试。在"十五"计划中期评估实践的基础上，出于对规划实施效果评估制度化的考虑，国务院出台了《国务院关于加强国民经济和社会发展规划编制工作的若干意见》，明确提出了建立规划的评估调整机制，要在规划实施过程中适时组织开展对规划实施情况的评估，及时发现问题，认真分析产生问题的原因，提出有针对性的对策建议。评估工作可以由编制部门自行承担，也可以委托其他机构进行评估。

国家发展五年规划评估主要是根据市场机制与政府责任的不同，将国家主要发展目标划分为约束性指标②和预期性指标，基于目标一致性方法，通过五年规划目标的约束性指标和主要预期性指标等量化指标的对照分析，对五年规划目标的实现程度做出评估，全面总结评估五年规划目标的执行情况。根据评估指标的完成率，可以对规划实施效果不佳的原因和责任主体进行分析和判断，衡量我国国民经济和社会发展状况的局限性与优越性。同时根据规划实施环境的变化，提出新一轮五年规划编制时应该解决的问题，可以为新一轮五年规划的修正提供重要的研究基础。

以"十二五"规划为例，中共十七届五中全会发表了《中国共产党第十七届中央委员会第五次全体会议公报》（简称《公报》），《公报》对"十一五"时期做出了基本评价：经过五年努力奋斗，我国社会生产力快速发展，综合国力大幅提升，人民

---

① 哥伦比亚大学地球研究所主任杰弗里·萨克斯提出发展战略的临床经济学，认为要制定合理的发展战略，需要像临床医生一样对经济发展进行诊断。好的发展实践要求监督和评估。

② 十届全国人大四次会议 2006 年 3 月 14 日通过的《中华人民共和国国民经济和社会发展第十一个五年规划纲要》第 48 章规定："本规划确定的约束性指标，具有法律效力，要纳入各地区、各部门经济社会发展综合评价和绩效考核。"

生活明显改善,国际地位和影响力也显著提高,社会主义经济建设、政治建设、文化建设、社会建设以及生态文明建设和党的建设取得重大进展。

"十一五"规划主要指标实现情况评价见表1.1。

表1.1 "十一五"规划主要指标实现情况评价

类别	指标	属性	规划目标 2005年	规划目标 2010年	规划目标 年均增长率(%)	实现情况 2010年	实现情况 年均增长率(%)
经济增长	国内生产总值(万亿元,2005年价格)	预期性	18.5	26.54	7.5	39.8	11.2
经济增长	人均国内生产总值(元,2005年价格)	预期性	14 185	19 526	6.6	29 748	10.6
经济结构	服务业增加值比重(%)	预期性	40.5	43.5	3	43	2.5
经济结构	服务业就业比重(%)	预期性	31.4	35.3	4	34.8	3.5
经济结构	研究与试验发展经费支出占GDP比重(%)	预期性	1.3	2	0.7	1.8	0.5
经济结构	城镇化率(%)	预期性	43	47	4	47.5	4.5
人口资源环境	全国总人口(亿人)	约束性	13.08	13.6	<8	13.41	5.1‰
人口资源环境	单位GDP能源消耗降低(%)	约束性			20		19.1
人口资源环境	单位工业增加值用水量降低(%)	约束性			30		36.7
人口资源环境	农业灌溉用水有效利用系数	预期性	0.45	0.5	0.05	0.5	0.05
人口资源环境	工业固体废物综合利用率(%)	预期性	55.8	60	4.2	69	13.2
人口资源环境	耕地保有量(亿hm^2)	约束性	1.22	1.2	−0.3	1.212	−0.13
人口资源环境	二氧化硫排放总量减少(%)	约束性			10		14.29

续表

类别	指标	属性	规划目标 2005年	规划目标 2010年	规划目标 年均增长率(%)	实现情况 2010年	实现情况 年均增长率(%)
人口资源环境	化学需氧量排放总量减少(%)	约束性			10		12.45
	森林覆盖率(%)	约束性	18.2	20	1.8	20.36	2.16
公共服务、人民生活	国民平均受教育年限(年)	预期性	8.5	9.0	0.5	9.0	0.5
	城镇基本养老保险覆盖人数(亿人)	约束性	1.74	2.23	5.1	2.57	8.1
	新型农村合作医疗覆盖率(%)	约束性	23.5	>80	>56.5	96.3	72.8
	五年城镇新增就业(万人)	预期性		4 500		5 771	
	五年转移农业劳动力(万人)	预期性		4 500		4 500	
	城镇登记失业率(%)	预期性	4.2	5		4.1	
	城镇居民人均可支配收入(元,2005年价格)	预期性	10 493	13 390	5	19 109	9.7
	农村居民人均纯收入(元,2005年价格)	预期性	3 255	4 150	5	5 919	8.9

在"十一五"规划评估的22个核心指标中,有3个指标没有实现,包括服务业增加值占GDP比重,目标值为3%,但实际值为2.5%;服务业就业占总就业比重,目标值为4%,实际值为3.5%;研发支出占国内生产总值比重,目标值为2%,实际值为1.8%。其余19个指标均完成或提前完成,占总数的86.4%,按百分制,即86.4分。从主要经济指标上看,无论是经济总量,还是出口总额,以及外商投资、外汇储备、科技实力和综合国力,中国在全世界的位次和比重都在迅速上升。

1.2.2 发展诊断

发展诊断就是在五年规划评估基础上,对国家发展所处的国际形势和国内背景进行战略分析,一是统筹国内国际两个大局,从经济发展、科技发展、文化发展、社会发展以及生态环境建设等方面,对国家所处的发展阶段和新时期国际形势做一个大体判断,在全球化的情况下,特别是在后金融危机的背景下,抓住战略机遇期,应对可预见或不可预见的外部冲击。二是分析国家发展的重大矛盾与关系,判断国民经济和社会发展阶段存在的主要特征和问题,认识各种深层次矛盾,识别机遇与挑战,以此作为新一轮五年规划编制的依据。

1.2.2.1 统筹国内国际两个大局

以"十二五"规划为例,"十五""十一五"时期,中国不仅在国内保持高速经济增长,而且在利用经济全球化方面、应对国际金融危机方面实现了对美国等的迅速追赶,经济总量上升为世界第二位。这充分验证了党的十六大报告对中国战略机遇期的准确判断,也充分验证了党的十七大报告统筹"两个大局"的战略谋划。中国发展模式的重要特征就是属于典型的"挑战-应战"机制。中国遇到了历史上前所未有的机遇与挑战。从国际看,世界多极化、经济全球化深入发展,和平、发展、合作仍是时代潮流。国际金融危机影响深远,世界经济结构加快调整,全球经济治理机制深刻变革,科技创新和产业转型孕育突破,发展中国家特别是新兴市场国家整体实力步入上升期。从国内看,我国发展的有利条件和长期向好的趋势没有改变,工业化、信息化、城镇化、市场化、国际化深入发展,市场需求潜力巨大,资金供给充裕,科技和教育水平整体提升,劳动力素质提高,基础设施日益完善,政府宏观调控和应对重大挑战的能力明显增强,社会大局保持稳定。综合判断国际国内形势,未来我国发展仍处于一个大有希望、大有作为和大有贡献、大有可为的重要战略机遇期。

1.2.2.2 分析国家发展的重大矛盾与关系

正确认识和处理当代中国社会重大矛盾关系,是制定党的路线方针、确定国民经济和社会发展战略的基本依据。通过开展重大专题调查研究,从战略高度,从宏观层面,以前瞻视角分析新时期影响国家发展的若干重大关系,可以进一步深化认识和讨论新时期中国经济、政治、社会、文化、生态"五位一体"建设总体布局发展面临的若干重大矛盾。

"分析国家发展的重大矛盾和重大关系"这一思想方法,是国家第一代领导人毛泽东同志首创的认识中国国情的方法。1956年毛泽东同志听取国务院34个部门的汇报,经过长达43天的大量调查研究和不断思考,最后发表了《论十大关系》,[2]这篇文章既成为党的八大报告的主题和指导思想,①也成为最初正式编制"二五"计划的指导方针。1995年江泽民同志在中共十四届五中全会做了《正确处理社会主义现代化建设中的若干重大关系》(即"论十二大关系")的讲话,成为制定"九五"计划的重要指导文献。2003年中共十六届三中全会提出要正确处理五大关系,②成为确定"十一五"规划指导方针的重要依据。

国家发展的主要矛盾和重大关系涉及经济建设、社会建设、生态文明建设、文化建设、统筹国际国内两个大局等方面:

1) 经济建设的重大关系

一是改革、发展与稳定的关系。发展是目的,改革是动力,稳定是前提。关键是确立以人为本的发展观、改革观与稳定观。二是增长速度与发展方式的关系。转变经济发展方式,始终是经济建设的一条主线。同时加快转变社会发展方式。三是城市与农村的关系。面临新的四元经济社会结构,未来发展的基本方向就是城乡一体化发展和城市内部一体化发展。四是地区之间的关系。统筹协调地区发展、缩小地区发展差距。五是政府与市场的关系。市场经济是较有效的资源配置方式。政府的正当干预与政府监管能够对市场经济起催化、促进和补充作用。用好政府"有形之手"与市场"无形之手",相互结合、相互补充、相互促进。③六是中央与地方的关系。核心是要解决好"信息不对称性"和"权力不对称性"两个不对称性。总体上形成中央决策、国家规划、部门指导、省级政府负总责、地市级和县市级政府实施的分工合作体系和激励相容机制。④

2) 社会建设的重大关系

经济建设是社会建设的经济基础,社会建设是经济建设的社会目的。经济建设服务于社会建设,经济发展服务于社会和谐。2003年,党中央首次提出统筹经济社会发展,更加关注社会公正,提出构建社会主义和谐社会的重大构想。党的十七大报告明确提出,社会建设的实质就是改善民生,其目标是"努力使全体人民学有所教、劳有所得、病有所医、老有所养、住有所居"。[3]

---

① 1958年刘少奇同志在中共八大第二次会议的工作报告中指出:"党中央委员会向第八届全国代表大会第一次会议的工作报告,就是根据毛泽东同志关于处理十大关系的方针政策而提出的。"参见《建国以来重要文献选编》第11册,中央文献出版社1995年1月版,第300页。

② 2003年10月,中共十六届三中全会提出要"统筹城乡发展、统筹区域发展、统筹经济社会发展、统筹人与自然和谐发展、统筹国内发展和对外开放"。

③ 温家宝在英国剑桥大学演讲时指出:在金融市场上市场配置与政府和社会监管"两手都要硬,两手同时发挥作用,才能实现按照市场规律配置资源,才能使资源配置合理、协调、公平、可持续"。参见温家宝:《用发展的眼光看中国——在剑桥大学的演讲》,新华网2009年2月2日。

④ 汶川地震救灾重建计划及实施就是一个具体的实践,充分体现了"两个积极性"相结合的特点。

3）生态文明建设的重大关系

建设生态文明是全面建成小康社会的五大任务之一，这意味着人与自然的关系全面转变，中国开始逐步迈入"减少生态赤字、维护生态平衡、实现生态盈余"时代。实现人与自然和谐相处，经济增长和社会消费水平提高不能超越资源环境承载力，不能以浪费资源、破坏环境和威胁生态安全（尤其是气候安全）为代价，在发展过程中不但要尊重经济规律，更要尊重自然规律，实现人与自然的良性循环，实现代际公平和永续发展。

4）文化建设的重大关系

物质建设是硬任务，文化建设是软任务。中国特色社会主义文化建设已经进入大发展、大开放、大繁荣的时代。在国内，坚持"百花齐放、百家争鸣"的基本方针，积极鼓励中国特色的文化创新；在国际上，坚持"对外开放、以我为主"的基本方针，积极吸收世界各国文化发展的有益成果。

5）国际国内的重大关系

中国是世界的中国，世界也是中国（最需要）的世界。中国已经成为经济全球化和世界事务的最大利益相关者，"中国的前途命运日益紧密地同世界的前途命运联系在一起"[3]。正确处理好扩大内需与对外开放的关系，从战略高度统筹国内、国际两个大局，充分利用国际国内有利条件，实现它们之间的相互转化，实行全面开放、互利共赢的国际战略，在更大范围内积极参与全球事务，主动提供全球性公共产品，为推动建设"和谐亚洲、和谐世界"的长远战略性目标，力所能及提供更多的全球性公共产品，对人类和平与发展做出巨大贡献。

1.3 主题与主线确定

国家发展五年规划的主题与主线是规划的灵魂，也是制定国家发展五年规划目标的灵魂。主题与主线的确定，是中央在深入分析世情与国情变化、我国国民经济和社会发展面临的机遇和挑战后，做出的重大战略决策。主题是"远处着眼"，主线是"近处着手"，主题决定主线，主线体现主题。

1.3.1 主题

主题是国家发展五年规划的主旋律，是灵魂与题眼。20世纪90年代初，中国改革开放的"总设计师"邓小平同志明确提出"发展是硬道理"的著名论断。"十五"计划确立的主题是"发展"，党的十六大报告中，中共第三代领导集体进一步提出了"发展是党执政兴国的第一要务"的新论断。中共第三代领导集体于

2003年提出的"以人为本"科学发展观,是发展中国特色社会主义必须坚持和贯彻的基本指导思想。作为中国特色社会主义理论体系的重要组成部分,"科学发展"成为"十一五"和"十二五"规划的主题。党的十八大报告提出了经济、政治、社会、文化、生态文明的社会主义现代化建设总体布局,国家发展"十三五"规划全面涵盖了"五位一体"的内容,"全面科学发展"成为"十三五"规划的主题。

党中央提出的科学发展观,标志着中国现代化建设和发展理念的重大创新,充分反映在"十一五""十二五"规划主要目标设计和政策取向上,成为中国"加快发展"向"科学发展"转变的重要标志。绿色发展是对科学发展理念的延伸,包括五大支柱:建设资源节约型社会;建设环境友好型社会;发展循环经济;建设气候适应型社会;实施国家综合防灾减灾战略。[4] 全面科学发展是马克思主义关于发展理论在中国创新的最新成果,是中共新一代领导集体对"发展理论"做出的新的升华,成为中国共产党对社会主义建设规律、社会发展规律、共产党执政规律认识的最新理论成果,也成为中国这一东方巨人大步前行的"思想灵魂"。

中国向全面科学发展模式转型大体分为三个阶段(共三个五年规划):"十一五"时期初步纳入科学发展轨道;"十二五"时期基本纳入科学发展轨道;"十三五"时期全面纳入科学发展轨道。大约经历三个五年规划,中国完成从加快发展到全面科学发展的转型。在当代中国,坚持发展是硬道理的本质要求,就是坚持全面科学发展。全面科学发展就是坚持以人为本,更加注重全面协调可持续发展,更加注重统筹兼顾,更加注重保障和改善民生,促进社会公平正义。

1.3.2 主线

主线是国家发展五年规划的"纲",是贯穿我国国民经济和社会发展过程的主要线索。"十五"计划和"十一五"规划确立的主线是"调整经济结构","十二五"规划的主线是"加快转变经济发展方式"。"加快转变发展方式"成为"十三五"规划的主线,以解决我国国民经济和社会发展中的突出问题和深层次矛盾,推动中国全面纳入科学发展轨道,完成从第一代的加快发展到第三代的全面科学发展的转变。

以"加快转变发展方式"为主线,是推动全面科学发展的必由之路,符合我国基本国情和发展阶段性新特征。加快转变发展方式,是我国国民经济和社会发展的一场深刻变革,就是以经济结构调整为主攻方向①,以绿色发展作为推动全

---

① 温家宝提出,"我们要把调整经济结构作为主攻方向,更加注重以内需特别是最终消费拉动经济增长。"参见温家宝:《全面提升中国经济发展内在动力——在2009年夏季达沃斯论坛上的讲话》,新华网2009年9月10日。

面科学发展的突破口,以中国特色社会主义的"五位一体"建设为主体内容,立足扩大内需推动发展,立足优化产业结构推动发展,立足节约资源保护环境推动发展,立足增强自主创新能力推动发展,立足深化改革开放推动发展,立足以人为本推动发展。"十二五"规划提出的"五个坚持"为加快转变经济发展方式、经济步入新常态确定了明确的路径。即在发展方向上,要做结构上的战略调整;在发展理念上,要有科技意识和创新精神;在发展目标上,要关注民生、注重保障;在发展重心上,要把节能减排、环境协调作为突破口;在发展动力上,要坚持改革开放。①

未来的中国,加快转变发展方式的内涵不仅包括"加快转变经济发展方式",即经济转型,也包括"加快转变社会发展方式",即社会转型,从而构成经济社会双转型。以调整经济结构为主线的经济转型包括六个方面:需求结构转型,产业结构转型,工业结构转型,就业结构转型,要素投入结构转型,外贸结构转型。以调整社会结构为主线的社会发展转型包括六个方面:一是加快人口城镇化,二是加快农民工市民化,三是社会收入结构转型,四是从歧视性社会政策到公平性社会政策,五是进一步扩大社会内部开放度,六是进一步扩大中国对外开放度。[5]总之,以全面科学发展为主题,以加快转变发展方式为主线,全面建成小康社会、全面深化改革,全面开放,改善民生,促进和谐。

1.4 战略定位与设计

"一五"至"五五"时期,中国的五年计划是"国民经济发展五年计划",其主要内容是对基本建设投资和项目做出安排,并规定主要工农业产品的定量指标。"六五"以后,五年计划的名称正式修改为"国民经济和社会发展五年计划",增加并不断强化了社会发展的内容;计划重点逐步脱离了单一经济计划的轨道,转移到国民经济和社会发展的方向、任务、政策和改革开放的总体部署上。"十一五"规划提出了经济建设、政治建设、社会建设、文化建设"四位一体"的建设思路,成为较为全面的发展规划。与"十一五"规划相比,"十二五"规划的内涵与内容进一步扩展,成为内容更为丰富、各方面更为均衡的"经济建设、政治建设、社会建设、生态建设、文化建设",从而形成了"五位一体"的社会主义现代化建设总体布局的五年规划。1953—2015年中国经济体制与五年规划定位见表1.2。

---

① 马凯在国家行政学院秋季开学典礼上的讲话,2009年9月2日。

表 1.2　1953—2015 年中国经济体制与五年规划战略定位

	经济体制	五年规划战略定位	
1954 年	有计划的经济建设（《中华人民共和国宪法》）	"一五"计划	有计划地发展和改造国民经济,推动工业化
1982 年	计划经济为主、市场调节为辅（党的十二大）	"二五"—"五五"计划	国民经济发展计划
1984 年	有计划的商品经济（党的十二届三中全会）	"六五"计划	经济建设、经济管理、社会建设
1989 年	计划经济与市场调节相结合	"七五"计划	是宏观上对经济活动进行管理、调节和控制的主要依据,保证国民经济大体按比例协调发展
1992 年	社会主义市场经济（党的十四大）	"八五"计划	规定经济社会发展的任务、方向、政策和改革开放的总体部署
1996 年	以公有制为主体、多种所有制经济共同发展（党的十五大）	"九五"计划	具有宏观性、战略性、政策性,指标总体上是指导性、预测性的
2003 年	完善社会主义市场经济	"十五"计划	阐述国家战略意图,明确政府工作重点,引导市场主体行为方向
2006 年	完善社会主义市场经济	"十一五"—"十二五"规划	阐述国家战略意图,明确政府工作重点,引导市场主体行为的方向,是政府履行经济调节、市场监管、社会管理和公共服务职责的重要依据

从长期看,中国经济发展奇迹的源泉在于中国创新了独一无二的高效率的经济体制,即社会主义市场经济体制,有效地结合了看不见的市场之手和看得见的规划之手的作用。既运用五年规划"看得见的手",提供民生服务,促进社会进步,改善生态环境;也运用市场机制这只"看不见的手",提供良好投资环境,促进经济增长。国家发展五年规划的战略定位逐步从以经济建设为重点转变为以公共事务治理为重点[6],主要是阐明国家战略意图,明确政府工作重点,引导市场主体,是政府履行经济调节、市场监管、社会管理和公共服务四大职能的重要依据。① 国家发展五年规划的战略设计就是加强对国民经济和社会发展的整体战略谋划,为国民经济和社会发展提供宏观框架性指导,统筹考虑各层次和各要素,追根溯源,统揽全局,在最高层次上寻求问题的解决之道。具体体现在四个

---

① 《中华人民共和国国民经济和社会发展第十一个五年规划纲要》(2006 年 3 月)。

方面：第一是站得高，站在全球的角度、全世界的大视角，对新一轮五年规划进行设计，具有很强的战略性、前瞻性和指导性；第二是要全面，对中国特色社会主义建设进行全面布局，体现经济、政治、社会、文化和生态"五位一体"的社会主义现代化建设的总体布局，使其更加全面、更加协调、更加平衡；第三是要确定重点领域，突出重点方向，涵盖我国国民经济和社会发展的各个主要领域的重大任务和重点目标，包括主要目标及其先后顺序，发展方向清晰；第四是要落地，国家重大项目及重点工程要落地，政策导向和政策体系明确，具有规划的针对性和可操作性。

国家发展五年规划实质上就是按照"分步走，上台阶"的规划思路进行战略设计，是国家发展规划在不同阶段的具体化。总体上体现了三性：一是宏观性，即国家发展的整体目标是什么；二是战略性，即发展分为短期、中期和长期；三是政策性，即具有针对性，对于主要依靠市场调节的领域，政府创造良好的发展环境，使市场主体的行为发展方向尽可能与国家期望的方向一致。1982年，邓小平同志在党的十二大正式提出建设有中国特色的社会主义的重大命题。1987年党的十三大根据邓小平同志的设想正式提出70年（1980—2050年）中国社会主义现代化路线图，即"三步走"战略设想。2002年，党的十六大明确提出到2020年全面建设惠及十几亿人口的更高水平的小康社会。2006年党的十六届六中全会提出到2020年构建社会主义和谐社会的目标和任务，为2007年党的十七大报告全面规划、精心设计50年（2000—2050年）新"三步走"战略设想奠定了良好的基础，为2020年提供了一个完整系统、清晰明确、远大现实、大胆可行、积极进取的中国特色社会主义小康社会与和谐社会的蓝图。五年规划就是一个台阶，从经济指令性的计划，转变为发展战略规划，从经济计划转向为全面发展，包括经济建设、社会建设等各方面，从以经济指标为主，变成以公共服务指标为主，同时也强调执行能力。

1.4.1 指导方针

国家发展五年规划的指导方针，是不同时期国家发展路线和发展思路的凝练概括，也是不同时期国民经济和社会发展战略的集中体现。国家发展五年规划指导方针的确定，反映了国家领导人通过实践，不断深化对国情的认识，不断调整治国思想，探索与国情条件相适应的中国特色社会主义现代化道路。

国家发展"一五"计划—"十二五"规划的指导方针，见表1.3。

表1.3 国家发展"一五"计划—"十二五"规划的指导方针

五年规划时期	指导方针
"一五"计划(1953—1957年)	提出"一化三改"方针,强调客观规律,解决发展中的实际问题。总体上符合中国当时"一穷二白"、生产力水平低下的国情。
"二五"计划(1958—1962年)	提出"以钢为纲",片面地强调快速发展,严重脱离我国人口多、耕地少、矿产资源不足的基本国情。
"三五"计划(1966—1970年)	以战备和阶级斗争为中心,急于求成的主观发展观脱离了人口多、生产力落后的基本国情。
"四五"计划(1971—1975年)	
"五五"计划(1976—1980年)	1979年中央提出"调整、改革、整顿、提高"的新八字方针。
"六五"计划(1981—1985年)	克服五年计划的片面性,增加人民生活改善、劳动就业、环境保护等社会发展方面的内容。
"七五"计划(1986—1990年)	继续推进经济发展战略和经济管理体制由旧模式向新模式的转变;加强精神文明建设,发扬艰苦奋斗、勤俭建国的精神。
"八五"计划(1991—1995年)	提出加快改革开放、加快经济发展的"双加快"方针。
"九五"计划(1996—2000年)	提出深化改革、扩大开放、促进发展、保持稳定的方针。首次明确提出经济与社会协调发展、可持续发展的理念。
"十五"计划(2001—2005年)	提出全面、协调、以人为本的发展方针。坚持把发展作为主题,坚持把结构调整作为主线,坚持将改革开放、科技进步作为发展的动力,坚持把提高人民生活水平作为根本的出发点,坚持经济与社会的协调发展。
"十一五"规划(2006—2010年)	坚持把科学发展作为主题,提出六大方针:保持经济平稳较快发展,加快转变经济增长方式,提高自主创新能力,促进城乡区域协调发展,加强和谐社会建设,不断深化改革开放。
"十二五"规划(2011—2015年)	坚持把科学发展作为主题,坚持把加快转变经济发展方式作为主线,提出五大方针:把经济结构战略性调整作为主攻方向,把科技进步和创新作为重要支撑,把保障和改善民生作为根本出发点,把建设资源节约型、环境友好型社会作为重要着力点,把改革开放作为强大动力。

1.4.2 目标与指标

目标是国家发展五年规划的蓝图与愿景,是国家发展五年规划编制的核心部分。在充分把握中国不同发展阶段的重大关系和重要矛盾与主、次要矛盾的基础上,目标的确定就是从政策制定者和执行者需要的角度,战略性地指出适合中国国情和新时期新发展阶段的具体目标,提出国家发展五年规划的方向,对未来发展重点进行前瞻分析,包括定性战略目标和定量目标指标。国家发展五年规划建立在定性战略目标分析与定量目标指标分析相结合的基础上,定性战略目标分析是定量目标指标分析的前提和基础,反映国民经济和社会发展的阶段特征与方向,而定量目标指标分析揭示了国民经济和社会发展的内在联系及其发展规律。

1.4.2.1 目标制定

国家发展的最终目的是"以人为本",以十四亿人口的经济、社会和生态福利最大化为本。围绕全面科学发展这个主题,目标制定注重以人为本,主要反映人民的根本利益和长远利益,实现人民的利益诉求和国家战略的有机统一,注重全面协调可持续发展,统筹兼顾,保障和改善民生,促进社会公平正义。五年规划的目标随着时间、环境和条件的变化而适应性改变,体现了当前与长远相结合。

国家发展五年规划目标制定的主要原则和依据为:

第一,充分体现构建中国特色社会主义现代化社会的核心理念。如"小康社会"、"和谐社会"与"社会主义核心价值观"理念既是中国特色的,又是现代化的,更是社会主义的,更为清晰地向全国人民展现了中国特色社会主义现代化社会全貌,绘就了人民的美好生活。

第二,毫不动摇地坚持和凸显以人为本的科学发展观的基本原则。根据中国的发展阶段,从基本国情出发,全面建成小康社会,构建社会主义和谐社会,充分体现国家对改善民生和实现绿色发展的决心,强化结构优化、民生改善、社会公正、资源节约、环境保护等目标。

第三,在总体上充分体现国家长远发展的宏观性、战略性、全局性和政策性。凸显和针对重点人群、重点地区、重点领域的发展,更多地集中在农村人口、低收入人口和弱势人群上,集中在缩小城乡之间、地区之间和不同人群之间在收入、就业、教育、卫生等多方面的差距上。集中为最广大的中国人民提供基本权利保障和基本公共服务,提高人力资本水平和发展能力,实现全面建成小康社会和构建和谐社会目标的统一,实现经济发展、社会发展和人类发展的统一,实现国内发展目标和国际发展目标的统一。

以"十二五"规划为例。按照与应对国际金融危机冲击重大部署紧密衔接、与到2020年实现全面建成小康社会奋斗目标紧密衔接的要求,规划综合考虑未来发展趋势和条件。"十二五"时期我国国民经济和社会发展主要目标是:经济平稳较快发展;结构调整取得重大进展;科技教育水平明显提升;资源节约和环境保护成效显著;人民生活持续改善;社会建设明显加强;改革开放不断深化。"十二五"时期确定的经济社会发展目标从短期(指五年)来看,充分反映了当前我国经济社会发展的阶段性特征,力图针对突出矛盾和重大挑战,使我国保持又好又快的发展势头;从中期(到2020年)看,紧密衔接党的十六大、十七大所提出的全面建设小康社会以及十八大全面建成小康社会的宏伟目标。

1.4.2.2 指标设计

国家发展五年规划不仅要提出一套科学合理的定性战略目标体系,还需要根据这些目标设定一套定量的指标体系,增强规划目标实施进展的可评估性,这将是规划有效实施的重要保障。目标指标主要凸显推动全面科学发展和加快转变发展方式的鲜明导向,为落实主题与主线提供考核标准和抓手。五年规划指标明确了定量目标的直接指标和间接指标,进一步弱化了经济增长指标,从GDP为核心的经济类指标体系转变为以公共事务治理为核心的指标体系,为21世纪上半叶创新科学发展模式提供了指导。

国家发展五年规划目标指标设计的主要原则和依据为:

第一,可观测、可定量、可比较、可评估及有明确时限。五年规划的目标细分为两类量化指标,一是预期性指标,二是约束性指标。预期性指标,是国家期望的发展目标,是一种指导、导向,主要依靠市场主体的自主行为实现。约束性指标,是政府对人民群众的承诺,是在预期性基础上进一步明确并强化政府责任,带有一定的强制性并且以五年为期限必须完成的指标。它是在公共服务和涉及公众利益领域,对中央政府和地方政府有关部门提出的工作要求。政府通过合理配置公共资源和有效运用行政力量,确保指标实现。引入约束性指标对于政府实施目标的行为有着明显的约束性,从而可促使政府转型,从单纯追求经济增长转型为促进科学发展。

第二,积极稳妥,延续性和创新性相结合。新一轮五年规划主要强调对上一轮五年规划思路的延续性,同时根据新的发展形势进行再创新和调整。指标设计以公共服务指标为主、经济指标为辅,反映政府职能的重大变化和转型;以约束性指标为主,预期性指标为辅,反映政府强化公共服务的责任和约束力,落实监督。

第三,留有余地,综合平衡,具有可达性。目标指标设计须充分考虑到国家的发展阶段,确定适当的指标,保障切实可行并留有余地。对相关指标进行综合平衡,尤其是复合性指标,要在对经济增长情况比较准确预测的基础上来设计。通过研究发现,五年规划的指标制定有的表现出冒进性,如"二五"计划的指标基本没能完成;有的表现出保守性,各个指标平均留有10%左右的余地[7],如"六五"计划和"八五"计划大多数指标都大幅度超额完成,分别平均完成了指标的1.7倍与2.7倍。[8]

第四,相互补充,主动与国际接轨。五年规划目标指标既是对中国人民的承诺,也是对国际的承诺;既要纵向互补,与党代会提出的发展目标、部门中长期规划目标相衔接,又要横向互补,经济、资源环境、公共服务目标相互补充。采用联合国人类发展指数,作为实现小康社会的最重要标志。同时,与国际发展目标接轨,将减少国际贫困线以下贫困人口、降低孕产妇死亡率、提高人口预期寿命、降低单位GDP二氧化碳排放量、减少其他温室气体排放等部分"千年发展目标"纳入。

以"十二五"规划为例。按照推动科学发展、加快转变经济发展方式的要求,"十二五"规划提出了经济、结构、科技教育、资源环境、人民生活、社会管理和改革开放七个方面的目标,力求解决经济社会发展中的三个核心问题,即"不平衡、不协调、不可持续"的问题。这三个核心问题的解决最后落实到24个核心指标上,即12个预期性指标、12个约束性指标。其中15个指标是"十一五"规划保留的指标;新增9个指标全部是民生指标和绿色指标,集中在公共服务和涉及公众利益领域,可以让人民群众从国家发展五年规划中看到政府的决心和部署,体现国家对改善民生和加强生态文明建设的决心。

国家发展五年规划的量化指标由以经济类指标为主,转向以公共事务治理类指标为主。"六五"计划公共事务类指标比重仅占39.3%,"十二五"规划的24个指标中,公共事务类指标比重已经上升到87.5%。[6]

国家发展五年规划不同类型量化指标比例变化见表1.4。

表1.4 国家发展五年规划不同类型量化指标比例变化　　　单位:%

五年规划时期	经济类指标			公共事务类指标			
	经济增长	经济结构	合计	教育科技	资源环境	人民生活	合计
"六五"	15.2	45.5	60.7	15.2	3.0	21.2	39.3
"七五"	1.4	35.7	57.1	7.1	3.6	32.1	42.9
"八五"	26.9	30.8	57.7	3.8	7.7	30.8	42.3
"九五"	23.5	23.5	47.0	11.8	11.8	29.4	53.0
"十五"	10.0	23.3	33.3	23.3	20.0	23.3	67.7

续表

五年规划时期	经济类指标			公共事务类指标			
	经济增长	经济结构	合计	教育科技	资源环境	人民生活	合计
"十一五"	9.1	13.6[a]	22.7	9.1	27.2[b]	41.0	77.3
"十二五"	4.2	8.3	12.5	16.7	33.3	37.5	87.5

注：a. 不包括科技指标；b. 不包括人口指标，列入人民生活统计。

表1.5中，计划经济时期五年计划以经济建设指标为主，其中"六五时期"，经济类指标占据主体地位，比例为60.7%，社会类指标占39.3%。随后的五年计划中，经济类指标占比不断下降，社会类指标占比不断上升。"十一五"规划中社会类指标占比达到77.3%，而经济类指标占比已降至22.7%，这标志着政府职能向公共事务转变取得了重大进展。公共事物领域包括义务教育、公共卫生、社会保障、社会救助、促进就业、减少贫困、防灾减灾、公共安全等主要领域。"十二五"规划中公共事务类指标的比重达到了87.5%，如果以实际指标数来计算，公共事务类指标达到了26个，占总数28个的92.9%，可以说"十二五"规划基本成了公共事务治理的规划。

1.5 战略实施

1.5.1 重大任务

目标是国家发展五年规划的方向，任务是确定了基本方向之后实现五年规划目标的基本途径或具体抓手。发展中国特色社会主义是一项长期的艰巨的历史任务，中国特色社会主义现代化建设的重大任务就是不断完善建设的总体布局。由以社会主义经济建设为中心，到社会主义经济建设、政治建设、文化建设"三位一体"总体布局，进一步发展为社会主义经济建设、政治建设、文化建设、社会建设"四位一体"总体布局。党的十七届四中全会公报首次明确提出"我国经济建设、政治建设、文化建设、社会建设以及生态文明建设全面推进"[9]。十八大报告提出，"必须更加自觉地把全面协调可持续作为深入贯彻落实科学发展观的基本要求，全面落实经济建设、政治建设、文化建设、社会建设、生态文明建设'五位一体'总体布局，促进现代化建设各方面相协调，促进生产关系与生产力、上层建筑与经济基础相协调，不断开拓生产发展、生活富裕、生态良好的文明发展道路"。

以"十二五"规划为例，国家发展五年规划的主要任务安排就是按照"五位一体"建设进行布局，从战略性任务到战术性任务，再具体到战斗性任务，一级落实一级，基本形成社会主义经济建设、社会建设、文化建设、政治建设、生态文明建设"五位一体"建设的新局面。经济建设以调整结构、提高质量为核心，政治建设稳步推进、自我完善，社会建设以改善民生为核心，文化建设大发展、大繁荣。"五位一体"现代化建设体系中，"五位一体"相互作用、相互影响，形成有机整体和系统，充分体现中国特色社会主义现代化建设的中心任务。其中经济建设是根本，政治建设是保障，文化建设是灵魂，社会建设是条件，生态文明建设是基础。生态文明建设要深刻融入经济、政治、社会、文化建设的各方面，全面贯彻到"五位一体"建设的全过程，实现"经济发展、政治文明、社会和谐、文化繁荣、生态安全"五大国家核心利益和目标。

"十二五"规划"五位一体"建设的重大任务见表1.5。

表1.5 "十二五"规划"五位一体"建设的重大任务

"五位一体"建设		重大任务
经济建设	改革攻坚 完善社会主义市场经济体制	① 坚持和完善基本经济制度 ② 推进行政体制改革 ③ 加快财税体制改革 ④ 深化金融体制改革 ⑤ 深化资源性产品价格和环保收费改革
	强农惠农 加快社会主义新农村建设	① 加快发展现代农业 ② 拓宽农民增收渠道 ③ 改善农民生产生活条件 ④ 完善农村发展体制机制
	转型升级 提高产业核心竞争力	① 改造提升制造业 ② 培育发展战略性新兴产业 ③ 推动能源生产和利用方式变革 ④ 构建综合交通运输体系 ⑤ 全面提高信息化水平 ⑥ 推进海洋经济发展
	营造环境 推动服务业大发展	① 加快发展生产性服务业 ② 大力发展生活性服务业 ③ 营造有利于服务业发展的环境
	优化格局 促进区域协调发展和城镇化健康发展	① 实施区域发展总体战略 ② 实施主体功能区战略 ③ 积极稳妥推进城镇化
	互利共赢 提高对外开放水平	① 完善区域开放格局 ② 优化对外贸易结构 ③ 统筹"引进来"与"走出去" ④ 积极参与全球经济治理和区域合作 ⑤ 提升基本公共服务水平

第一章　国家发展规划战略分析与实践认识研究

续表

"五位一体"建设		重大任务
社会建设	改善民生 建立健全基本公共服务体系	① 实施就业优先战略 ② 合理调整收入分配关系 ③ 健全覆盖城乡居民的社会保障体系 ④ 完善基本医疗卫生制度 ⑤ 提高住房保障水平 ⑥ 全面做好人口工作
	创新驱动 实施科教兴国战略和人才强国战略	① 增强科技创新能力 ② 加快教育改革发展 ③ 造就宏大的高素质人才队伍
	标本兼治 加强和创新社会管理	① 创新社会管理体制 ② 强化城乡社区自治和服务功能 ③ 加强社会组织建设 ④ 完善维护群众权益机制 ⑤ 加强公共安全体系建设
政治建设	发展民主 推进社会主义政治文明建设	① 发展社会主义民主政治 ② 全面推进法制建设 ③ 加强反腐倡廉建设
文化建设	传承创新 推动文化大发展大繁荣	① 提高全民族文明素质 ② 推进文化创新 ③ 繁荣发展文化事业和文化产业
生态文明建设	绿色发展 建设资源节约型、环境友好型社会	① 积极应对全球气候变化 ② 加强资源节约和管理 ③ 大力发展循环经济 ④ 加大环境保护力度 ⑤ 促进生态保护和修复 ⑥ 加强水利和防灾减灾体系建设

"十三五"规划的重大任务是紧密衔接习近平主席提出的"四个全面"战略布局[1]，形成社会主义经济建设、社会建设、文化建设、政治建设、生态文明建设、党

---

[1] 2014年11月，习近平到福建考察调研时提出了"协调推进全面建成小康社会、全面深化改革、全面推进依法治国进程"的"三个全面"。2014年12月在江苏调研时则将"三个全面"上升到了"四个全面"，指出要"协调推进全面建成小康社会、全面深化改革、全面推进依法治国、全面从严治党，推动改革开放和社会主义现代化建设迈上新台阶"，新增了"全面从严治党"。

的建设"六位一体"建设的新局面。

1.5.2 政策导向与项目

为实现国民经济与社会发展战略目标与重大任务,必须紧紧围绕推动全面科学发展、加快转变发展方式,统筹兼顾,改革创新,着力解决经济社会发展中不平衡、不协调、不可持续的问题,明确重大政策导向,落实配套政策和政策项目。政策导向是"软抓手",政策项目是"硬抓手",涉及国家的重点项目、重大工程,能够使国家发展五年规划落地。

以"十二五"规划为例,"十二五"规划明确了十个重大政策导向(即加强和改善宏观调控、建立扩大消费需求的长效机制、调整优化投资结构、同步推进工业化城镇化和农业现代化、依靠科技创新推动产业升级、促进区域协调互动发展、健全节能减排激励约束机制、推进基本公共服务均等化、加快城乡居民收入增长、加强和创新社会管理),作为政府制定各项政策和年度计划的基本方向,加快转变经济发展方式。其中,"十二五"规划中关于生态文明建设具体的政策导向与项目为:

"十一五"规划提出了"要把节约资源作为基本国策,发展循环经济,保护生态环境,加快建设资源节约型、环境友好型社会"[10]。"十一五"规划生态文明建设指标数共16个,占29.6%。其中生态文明建设的直接指标为12个,间接指标为4个,最优先指标为11个,次优先指标为5个,生态文明建设的6个约束性指标都顺利完成。① "十二五"规划首次提出了"绿色发展"的概念,专设"绿色发展 建设资源节约型、环境友好型社会"一篇,提出要把大幅降低能源消耗强度和二氧化碳排放强度作为约束性指标,合理控制能源消费总量,提高能源利用效率,调整能源消费结构,提高森林覆盖率,增强固碳能力。生态文明建设指标的比重大幅度上升。就优先指标来看,"十二五"规划资源环境指标由"十一五"时的7个(占25.9%)调整为9个,占全部28项主要指标的32.1%,如果以实际指标数来看,生态文明建设相关指标共12个,占了42.9%。另外,还有1个提高服务比重,以及4个教育科技指标,这些指标都间接促进了生态文明建设,生态

---

① 温家宝在对《国民经济与社会发展第十一个五年规划(草案)》进行说明时指出:"《纲要(草案)》提出了'十一五'期间单位国内生产总值能源消耗降低20%左右、主要污染物排放总量减少10%等目标。这是针对资源环境压力日益加大的突出问题提出来的,体现了建设资源节约型、环境友好型社会的要求,是现实和长远利益的需要,具有明确的政策导向。尽管实现这一目标的难度很大,但我们有信心、有决心完成。"参见温家宝:《2006年政府工作报告》,载全国人大财政经济委员会办公室、国家发展和改革委员会发展规划司编《建国以来国民经济和社会发展五年计划重要文件汇编》,中国民主法制出版社,2008,第18页。

文明建设的直接指标和间接指标达到了 17 个,占主要指标的 60.7%。这表明"十二五"对于资源环境类指标的重视又比"十一五"更进了一步。

"十二五"规划明确了生态文明建设的激励约束机制,首次将"深化资源性产品价格和环保收费改革"作为五年规划改革攻坚的方向。[11]要求强化节能减排目标责任考核,合理控制能源消费总量,把生态文明建设贯穿经济活动的各个环节。通过完善资源性产品价格形成机制、推进环保制度改革、建立健全资源环境产权交易机制等政策措施,激励企业发展转型,实现国家绿色规划和企业绿色发展的合力,最终推动市场的绿色转型。

1.6 结语

国家发展五年规划的编制就是对国民经济和社会发展进行综合创新、集成创新的过程,包括战略集成、智慧集成、思路集成和公共政策集成。

第一,战略集成。国家发展五年规划的战略分析不是简单的信息堆积,而是通过真正认识中国"三步走"大战略,如毛泽东"四个现代化"战略、邓小平"三步走"战略、江泽民新"三步走"战略以及习近平新征程"三步走"战略,全面体现与共同推进中国特色社会主义经济建设、政治建设、社会建设、文化建设以及生态文明建设"五位一体"建设的发展全局。五年规划的战略分析就是依据中国"三步走"大战略,科学深入分析中国"五位一体"建设的关键性战略信息。

第二,智慧集成。国家发展五年规划的战略分析依据中国"三步走"大战略发展思路,通过实地调查研究,广泛征求社会各界的意见,进一步强化社会各界的利益表达,集成经济学、政治学、社会学、公共管理、环境生态等不同学科的知识,作为分析中国发展战略的综合理论依据与实践认识。

第三,思路集成。国家发展五年规划的战略分析是最具中国特色的公共决策过程,通过集成不同领域国情研究专家形成的政策思路,强调咨询决策、科学决策。针对特定领域,请专家研究讨论,经过"讨论、修改;再讨论、再修改""参与、共识;再参与、再共识""发散、收敛;再发散、再收敛"多次反复的决策过程,逐步形成政治共识、政策共识以及社会共识,更加明确发展方向。这既反映了中央的战略决策,也充分体现了地方的个性发展需求;既反映了国家战略意图,又充分表达了人民群众的利益诉求。

第四是公共政策集成。国家发展五年规划的战略分析是最具中国特色的公共决策过程,是行之有效的公共政策集成。五年规划从实际出发,符合国情,遵循自然规律、经济规律和社会发展规律,通过民主协商与政策集成,五年规划能够建立在实事求是的基础之上，包括中央与地方的民主协商与政策集成、中央与不同部门的民主协商与政策集成。

参考文献

［1］邓小平.邓小平文选第三卷［M］.北京：人民出版社，1993.

［2］逄先知，金冲及.毛泽东传 1949—1976［M］.北京：中央文献出版社，2003.

［3］胡锦涛.高举中国特色社会主义伟大旗帜 为夺取全面建设小康社会新胜利而奋斗——在中国共产党第十七次全国代表大会上的报告(2007 年 10 月 15 日)［M］.北京：人民出版社，2007.

［4］胡鞍钢，鄢一龙.中国：走向 2015［M］.杭州：浙江人民出版社，2010.

［5］胡鞍钢.2020 中国：全面建成小康社会［M］.北京：清华大学出版社，2012.

［6］鄢一龙，吕捷，胡鞍钢.整体知识与公共事务治理：理解市场经济条件下的五年规划［J］.管理世界，2014(12)：70-78.

［7］国家发展和改革委员会.《中华人民共和国国民经济和社会发展第十二个五年规划纲要》辅导读本［M］.北京：人民出版社，2007.

［8］鄢一龙."十三五"规划的制定关键点［J］.瞭望新闻周刊，2015(25)：32-33.

［9］中共十七届四中全会公报(全文)［EB/OL］.中国新闻网，(2009-9-18).https://www.chinanews.com.cn/gn/news/2009/09-18/1874805.shtml.

［10］中共中央文献研究室.十六大以来重要文献选编(中)［M］.北京：中央文献出版社，2006.

［11］王亚华，鄢一龙.十个五年计划完成情况的历史比较［J］.宏观经济管理，2007(4)：71-74.

第二章
国家治理的多维协调发展能力评价研究

识别国家治理的关键影响因子,综合评价不同时期国家治理的差异,对于提升国家治理绩效、加快实现国家治理体系与治理能力现代化具有重要支撑作用。立足我国国民经济和社会发展全局,明确国家治理目标体系和现代化要素,从经济发展治理、科教发展治理、资源环境治理、民生服务治理四个维度,构建国家治理绩效评价指标体系。采用加权综合指数法、改进的理想解模型和协调度评价法,构建国家治理动态评价模型,在动态度量不同时期国家治理的四个维度绩效指数及其整体绩效指数基础上,确定四个维度对国家治理整体绩效指数的平均贡献度。根据不同时期四个维度治理绩效指数的动态变化趋势,评价国家治理四个维度之间的协调发展能力指数。评价结果充分体现了在四个维度的共同治理作用下,现阶段国家治理的多维协调发展能力指数较高。

2.1 引言

"国家治理现代化"这一重大命题是由党的十八届三中全会通过的《中共中央关于全面深化改革若干重大问题的决定》提出的,作为国家改革总目标的顶层设计,是对工业、农业、国防、科学技术"四个现代化"内涵的凝练扩充。持续改进国家治理的多维绩效,提升国家治理的多维绩效贡献,增强国家治理的多维协调发展能力,作为国家治理的有效措施和重要手段,对于加快实现国家治理现代化具有重要的支撑作用。

目前,国内外学者主要围绕国家治理的内涵及其评价体系开展研究。从国家治理内涵的阐述看,国家治理体系超越了传统政治关注的国家制度范围,它既包括必须严格遵循的政府正式制度、规则和机制,也包括符合大众利益的非正式、非政府的制度安排和机制[1-2]。国家治理强调将市场激励机制、私人部门管理手段共同引入政府公共服务,并依靠相互影响的行为者之间的多种互动,创造国家治理结构和治理秩序[3-5]。国家治理实质上是积极稳妥地推动政治体制改革,在理性政府建设和现代国家构建的基础上,通过政府、市场、社会之间的分工协作,加快推进以公平为目标、以民生体系为核心的社会建设,实现公共事务有效治理、公共利益全面增进[6-7]。公共权力的政治价值导向,对国家治理结构、治理方式与治理道路的选择路径将产生深刻影响。因此,必须以政治体制改革推进国家治理,以国家治理引导政治体制改革[8]。为确保国家治理的公平正义,必须推进党的执政方式制度化、规范化,改进党的执政方式,推进国家治理走向民主化、现代化,不断提高党的执政能力和水平[9]。通过加强党的执政能力建设,加快推进现代国家制度建设步伐,构建国家、市场、社会等多元共治的国家治理模式,进一步提升国家治理能力、优化国家治理体系,塑造执政党-国家-市场-社会之间有机协作、良性互动的现代治理结构,以助推国家治理能力现代化[10]。

针对国家治理评价体系的研究,目前国际社会较有影响力的评价指标体系主要包括:一是世界银行的治理指标体系,主要涉及六个维度,即言论与问责、政局稳定与消除暴力/恐怖主义、政府效率、公共服务的质量、管制质量、法治、腐败控制等[11]。二是联合国开发计划署(UNDP)的治理指标体系,涵盖选举制度、腐败、人权、公共服务、市民社会和性别平等等[12]。三是经济合作与发展组织(OECD)的 Metagora 项目治理指标体系,包括资源管理、问责、透明度、腐败、参与、效率、法治、控制/检查/监督、信息获得、道德等指标[13]。尽管中西方国家治理在强调政府职责、重视公众参与、关注参与主体各方利益诉求等方面具有共同之处[14],但国际社会关于国家治理评价体系的研究,主要是通过确定一套普遍的标准,将不同国家放到同一平台进行相互比较,而这些标准带有西方中心主义的价值倾向[15-16]。

结合我国国情,我国学者提出了相应的国家治理评价体系,涉及参与性、透明性、法治、公平、责任性、回应性、效能、廉洁、和谐、合法性等十项标准[17-20],包括五方面的内容,即提高经济效绩、提高人民生活水平、尊重人权和发挥人的创造性、增强民族和谐程度与凝聚力以及社会政治稳定、提高国家制度结构对环境的适应性效率[21]。目前,国家治理指标主要涉及经济发展指标和公共事务治理指标两大类,涵盖了经济发展、产业结构调整、资源及生态环境保护、城乡建设、科技及教育发展、民生改善等六个维度的指标[22],其中公共事务治理指标比重已从"六五"计划的 39.3% 增至"十二五"规划的 87.5%[23],体现为扩大国民就业能力、改善社会保障能力、维护社会安全和保障公民人身安全能力[24]。国家治理评价体系设计的关键是处理好治理体系指标与治理能力指标,主观指标与客观指标、刚性指标与弹性指标之间的关系[25-26]。从评价方法来看,目前国家治理评价主要包括目标一致法、比较分析法、相关系数法、ARIMA 模型、多元时间序列回归模型等方法[23-24, 27]。

对于已有文献研究发现,目前国家治理评价体系主要存在两方面的不足:第一,学者们关于国家治理评价指标体系的设计尚无统一的标准维度,更多的是强调以政治体制改革来推动经济发展、改善人民生活和保障公共服务。实践中,国家治理应立足国民经济和社会发展全局,突出重点,兼并治理,全面监测"经济发展、科技教育、结构调整、资源环境、人民生活、社会管理"七个方面目标的治理现状,形成一套完善的国家治理评价指标体系,有效诊断国家治理问题,解决经济社会发展中"不平衡、不协调、不可持续"三个核心问题。第二,现有的评价方法以定性分析为主,重点探讨评价框架体系构建的基本理念和思路,缺乏一套相对完善的定量评价方法。而已有的定量分析重点强调国家治理的不同维度绩效在具体年份的静态评价,并没有考虑对不同年份的国家治理绩效进行动态评价。同时,缺乏对国家治理的不同维度绩效进行对比分析,未体现不同维度对国家治理绩效的贡献及其协调发展能力。鉴于此,立足我国国民经济和社会发展的全局,明确国家治理目标体系和现代化要素,从经济发展治理、科教发展治理、资源环境治理、民生服务治理等维度,对国家治理的多维评价指标体系进行设计。并采用加权综合指数法、改进的理想解模型和协调度评价法,作为国家治理的多维绩效贡献及其协调发展能力的评价方法。在动态度量和对比分析 2000—2015 年不同时期国家治理的四个维度绩效指数及其整体绩效指数变化趋势基础上,确定四个维度对国家治理整体绩效指数的平均贡献度。根据不同时期四个维度治理绩效指数的动态变化,评价国家治理四个维度之间的协调发展能力指数。为进一步完善国家治理的政策制度,提高国家治理能力,解决深层次的治理问题提供参考依据。

2.2　国家治理的现代化要素与评价指标体系

国家发展规划作为我国国民经济和社会发展实践的独特经验,是国家治理的重要手段。国家发展规划的指标设定决定了国家治理的核心要素。为加快转变经济和社会发展方式,国家发展规划的量化指标已由以经济发展指标为主,转向了以公共事务指标为主。"六五"—"十二五"时期国家发展规划的不同类型量化指标比例变化见表 2.1。

表 2.1 "六五"—"十二五"时期国家发展规划的不同类型量化指标比例变化

单位:%

时期	经济发展指标		合计	公共事务指标			合计
	经济增长	经济结构		科技教育	资源环境	人民生活	
"六五"	15.2	45.5	60.7	15.2	3.0	21.2	39.3
"七五"	21.4	35.7	57.1	7.1	3.6	32.1	42.9
"八五"	26.9	30.8	57.7	3.8	7.7	30.8	42.3
"九五"	23.5	23.5	47.0	11.8	11.8	29.4	53.0
"十五"	10.0	23.3	33.3	23.3	20.0	23.3	67.7
"十一五"	9.1	13.6[a]	22.7	9.1	27.2[b]	41.0	77.3
"十二五"	4.2	8.3	12.5	16.7	33.3	37.5	87.5

注:a. 不包括科技指标;b. 不包括人口指标,列入人民生活统计。

从表 2.1 中不同类型量化指标的比例变化来看,国家治理本质上可理解为对影响国民经济和社会发展的现代化要素进行综合治理,包括经济发展、科教发展、资源环境、民生服务等不同维度现代化要素的治理。国家治理评价实质是对影响国家的经济发展、科教发展、资源环境、民生服务等现代化要素进行综合治理所取得的实际效果进行评价。为此,参考国民经济与社会发展五年规划纲要以及徐文伟等专家学者提出的规划指标体系[22-24],确定国家治理的现代化要素与评价指标体系,见表 2.2。

表 2.2 国家治理的现代化要素与评价指标体系

治理目标	现代化要素	治理内涵	治理指标
经济发展	经济增长	提高经济增长质量和效益 优化经济结构	人均国内生产总值 服务业增加值比重
	城市发展	提升省区之间协调发展能力 提高城镇化水平	省级人均 GDP 相对差异系数 城镇化率
科技教育	科技发展	提升科技创新能力	R&D 占 GDP 比重 每万人口发明专利拥有量
	教育发展	提高教育发展水平	财政性教育经费占 GDP 比重 九年义务教育巩固率 高中阶段教育毛入学率

续表

治理目标	现代化要素	治理内涵	治理指标
资源环境	资源集约化利用	水土资源、能源集约化利用	耕地保有量 万元工业增加值用水量 农业灌溉用水有效利用系数 单位 GDP 能源消费量 非化石能源占一次能源消费比重
	生态环境保护	加强林业建设 减少水污染和大气污染物排放	森林覆盖率 单位 GDP 二氧化碳排放量 单位 GDP 二氧化硫排放量 单位 GDP 化学需氧量排放量
民生服务	人民生活改善	提高人民生活水平	城镇居民人均可支配收入 农村居民人均可支配纯收入
	公共服务	解决就业矛盾 提高社会保障水平	全国就业人口数 城镇登记失业率 城镇基本养老保险覆盖人数 15 岁以上人口平均受教育年限

表 2.2 中,①经济发展治理体现为对促进一个国家经济增长和城市发展的现代化要素进行治理,包括提高经济增长质量和效益,优化经济产业结构,加快服务业发展,促进国家各省区协调发展,提高城镇化水平等;②科教发展治理体现为对促进一个国家科技发展与教育发展的现代化要素进行治理,包括增强科技创新能力,提高教育发展水平,解决人力资源不足问题等;③资源环境治理体现为对促进一个国家资源集约化利用和生态环境保护的现代化要素进行治理,包括加强水土资源、能源的集约化利用,减少水污染和大气污染排放,加强林业建设,解决生态环境恶化问题等;④民生服务治理体现为对促进一个国家人民生活水平提高和公共服务水平提高的现代化要素进行治理,包括提高人民生活水平,解决就业矛盾,增强公共服务水平等。国家治理强调通过完善社会主义市场经济体制,解决阻碍国家发展的体制性因素等问题,主要是强化政府责任,以推动经济发展治理、科教发展治理、资源环境治理和民生服务治理。

2.3 国家治理的多维协调发展能力评价方法

2.3.1 多维绩效贡献度量方法

结合国家治理的现代化要素与评价指标体系,采用加权综合指数法,在动态度量不同时期国家治理的四个维度绩效指数及其整体绩效指数基础上,确定四个维度对国家治理整体绩效指数的平均贡献度。国家治理的多维绩效贡献度量的具体步骤为：

步骤1，确定不同时期国家治理的四个维度绩效指数，可用公式表示为

$$NGPI_k(t) = w_{ki} \cdot x_{ki}(t)$$

$$x_{ki}(t)_{k=1\sim 4} = \begin{cases} \dfrac{a_{ki}(t)}{\max\limits_{t=1,\cdots,n}\{a_{ki}(t)\}} & (a_{ki} \text{为效益型指标}) \\ \dfrac{\min\limits_{t=1,\cdots,n}\{a_{ki}(t)\}}{a_{ki}(t)} & (a_{ki} \text{为成本型指标}) \end{cases} \quad (2.1)$$

式(2.1)中，$NGPI_k(t)$为第t时期国家治理第k个维度的绩效指数（$k=1$、$k=2$、$k=3$、$k=4$分别为经济发展维度、科教发展维度、资源环境维度、民生服务维度的治理绩效指数）；w_{ki}为第k个维度第i个指标的权重，考虑到指标体系中各个维度具有同等重要性，且各个维度指标也具有同等重要性，采用等权法确定指标体系中各个维度指标的权重；$x_{ki}(t)$为第t时期第k个维度第i个指标经无量纲化的指标值，即通过不同时期指标的纵向对比分析，进行指标归一化处理，其中$a_{ki}(t)$为第t时期第k个维度第i个指标值，$\max\limits_{t=1,\cdots,n}\{a_{ki}(t)\}$、$\min\limits_{t=1,\cdots,n}\{a_{ki}(t)\}$分别为第$k$个维度第$i$个指标值的最优值、最劣值。

步骤2，确定不同时期国家治理整体绩效指数，可用公式表示为

$$NGPI(t) = \sum_{k=1}^{4} NGPI_k(t) \quad (2.2)$$

式(2.2)中，$NGPI(t)$为第t时期国家治理整体绩效指数，通过综合度量不同维度的绩效指数予以确定。

步骤3，确定不同维度对国家治理整体绩效的平均贡献度，可用公式表示为

$$M_k = \left(\sum_{t=1}^{n} \frac{NGPI_k(t)}{NGPI(t)} \right) \Big/ n \quad (2.3)$$

式(2.3)中，M_k为第k个维度对国家治理整体绩效的平均贡献度，通过综合度量不同时期不同维度的治理绩效对国家治理整体绩效的贡献予以确定。

2.3.2 多维协调发展能力评价方法

在确定国家治理的多维绩效贡献基础上，采用改进的理想解模型，确定国家治理的四个维度的治理能力指数，对四个维度的治理能力的优劣进行对比分析。采用协调度评价法，确定四个维度之间的协调发展能力指数。国家治理的多维

协调发展能力评价的具体步骤为:

步骤1,构造时序多指标综合评价矩阵,可用公式表示为

$$\mathbf{Z} = [z_k(1), z_k(2), \cdots, z_k(n)]$$

$$\begin{cases} z_k(t) = \alpha \cdot NGPI_k(t) + \beta \cdot \dfrac{NGPI_k(t) - NGPI_k(t-1)}{NGPI_k(t-1)} \\ \alpha + \beta = 1 \end{cases} \quad (2.4)$$

式(2.4)中,$\mathbf{Z}$为时序多指标综合评价矩阵,既体现了国家治理不同维度绩效指数的优劣差异,又体现了不同维度绩效指数增长变化趋势;$z_k(t)$根据第k个维度的治理绩效指数$NGPI_k(t)$及其增长率$\dfrac{NGPI_k(t) - NGPI_k(t-1)}{NGPI_k(t-1)}$予以确定;$\alpha$、$\beta$分别为$NGPI_k(t)$及其增长率的相对重要程度,当$\alpha=1$,$\beta=0$时,表示只考虑第$k$个维度的治理绩效指数,不考虑第$k$个维度的治理绩效指数的增长变化趋势,一般取$\alpha=0.5$,$\beta=0.5$。

步骤2,确定国家治理的四个维度的治理能力指数,可用公式表示为

$$C_k = S_k^- / (S_k^+ + S_k^-)$$

$$\begin{cases} S_k^+ = \sqrt{\sum_{t=1}^{n} \lambda_t \cdot [z_k(t) - Z_k^+]^2} \\ S_k^- = \sqrt{\sum_{t=1}^{n} \lambda_t \cdot [z_k(t) - Z_k^-]^2} \\ Z_k^+ = \max\{z_k(t) \mid k=1,2,3,4\} \\ Z_k^- = \min\{z_k(t) \mid k=1,2,3,4\} \\ \sum_{t=1}^{n} \lambda_t = 1 \\ \lambda_{t+1} = \lambda_t + \Delta\lambda \end{cases} \quad (2.5)$$

式(2.5)中,C_k为第k个维度的治理能力指数;S_k^+、S_k^-分别为第k个维度的综合指标值$z_k(t)$到其理想点Z_k^+、负理想点Z_k^-的距离。Z_k^+、Z_k^-分别为$z_k(t)$的正理想解集合矩阵、负理想解集合矩阵;λ_t为对应不同时期的时间权重,采用等差数列赋权方法予以确定;$\Delta\lambda$为等差数列的公差。

步骤3,确定国家治理的多维协调发展能力指数,可用公式表示为

$$C = \sqrt[4]{\prod_{k=1}^{4} C_k} \quad (2.6)$$

式(2.6)中，C 为国家治理的多维协调发展能力指数，通过综合度量不同维度的治理能力指数予以确定。

2.4 实证研究

根据国家治理的现代化要素与评价指标体系，参考 2000—2015 年《中国统计年鉴》的数据，经换算，2000—2015 年国家治理的指标参数值见表 2.3。

表 2.3　2000—2015 年国家治理的指标参数值

一级指标	二级指标	2000 年	2005 年	2010 年	2015 年
经济发展治理维度指标	人均国内生产总值(元/人)	7 902	14 259	30 567	49 351
	服务业增加值比重(%)	32.6	40.5	43.2	50.5
	城镇化率(%)	36.22	43	49.95	56.1
	省级人均 GDP 相对差异系数	0.718	0.7	0.5	0.44
科技教育治理维度指标	R&D 占 GDP 比重(%)	0.89	1.31	1.71	2.07
	每万人发明专利拥有量(件/万人)	0.83	0.91	1.7	6.3
	财政性教育经费占 GDP 比重(%)	2.87	2.82	3.66	4.26
	九年义务教育巩固率(%)	79.7	84.7	89.7	93
	高中阶段教育毛入学率(%)	42.8	52.7	82.5	87
	高等教育毛入学率(%)	12.5	21	26.5	40
资源环境治理维度指标	耕地保有量(亿亩)[①]	18.8	18.29	20.29	20.26
	万元工业增加值用水量(m^3/万元)	288	151.4	90	58
	农业灌溉用水有效利用系数	0.43	0.45	0.5	0.535
	单位 GDP 能源消费(吨标准煤/万元)	1.47	1.27	0.79	0.64
	非化石能源占一次能源消费比重(%)	6.4	6.8	8.6	12
	单位 GDP 二氧化碳排放(t/万元)	3.81	3.10	2.03	1.62
	单位 GDP 二氧化硫排放(t/万元)	199.91	137.14	54.97	27.47
	单位 GDP 化学需氧量排放(t/万元)	144.79	76.07	30.28	32.86
	森林覆盖率(%)	18.21	18.21	20.36	21.63

---

① 1 亩＝1/15 公顷(hm^2)。

续表

一级指标	二级指标	2000年	2005年	2010年	2015年
民生服务治理维度指标	城镇居民人均可支配收入(元/人)	6 280	10 493	19 109	31 195
	农村居民人均纯收入(元/人)	2 253.42	3 254.93	5 919	10 772
	全国就业人口(万人)	72 085	74 647	76 105	77 451
	城镇登记失业率(%)	3.1	4.2	4.1	4.05
	城镇基本养老保险覆盖人数(亿人)	1.25	1.74	2.57	3.54
	15岁以上人口平均受教育年限(年)	7.85	8.5	9.9	10.23

2.4.1 国家治理的多维绩效贡献度量

结合表2.3,根据式(2.1)、式(2.2)计算得到,2000—2015年国家治理绩效指数处于快速增长阶段,从0.517上升至0.987,增长幅度为90.9%,年均增长率为4.40%。2000—2015年,国家治理的多维绩效指数动态变化见图2.1。

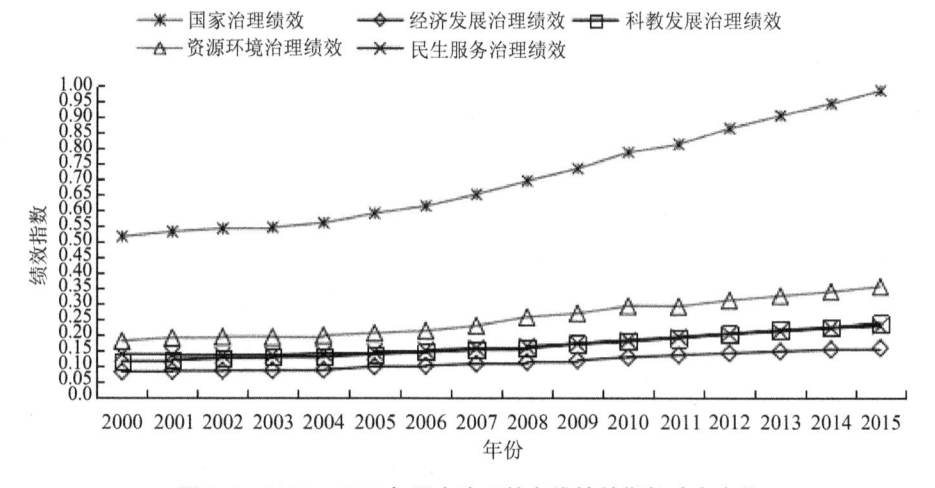

图2.1 2000—2015年国家治理的多维绩效指数动态变化

从图2.1中可看出,资源环境治理绩效指数始终处于最高水平,从0.181上升至0.357,增长幅度为97.2%。科教发展治理绩效指数从0.116上升至0.240,增长幅度最高,达到106.9%。经济发展治理绩效指数处于较低水平,从0.083上升至0.160,但增长幅度仍较高,为92.8%。民生服务治理绩效指数从0.138上升至0.231,与科教发展治理绩效指数相近,但增长幅度较低,仅为67.4%。

从不同时期国家治理绩效指数的年均增长变化看,"十一五"期间增长最快,年均增长率达到5.91%。"十五"期间增长最慢,年均增长率仅为2.71%(见表2.4)。从不同时期国家治理四个维度的绩效指数年均增长变化看,"十五"期间,经济发展治理绩效指数增长最快,年均增长率为3.79%。"十一五"期间,资源环境治理绩效指数增长最快,年均增长率高达7.29%。"十二五"期间,科教发展治理绩效指数增长最快,年均增长率为5.78%(见表2.4)。从各维度绩效指数的年均增长率来看,2000—2015年,科教发展治理、资源环境治理、经济发展治理的绩效指数的年均增长率较为接近,分别为4.98%、4.64%、4.51%。而民生服务治理绩效指数增长相对较慢,年均增长率为3.46%。

表2.4　2000—2015年国家治理的多维绩效指数年均增长率　　单位:%

时期	国家治理绩效指数	经济发展治理绩效指数	科教发展治理绩效指数	资源环境治理绩效指数	民生服务治理绩效指数
"十五"	2.71	3.79	3.75	2.71	1.14
"十一五"	5.91	5.47	5.42	7.29	4.64
"十二五"	4.61	4.27	5.78	3.98	4.65
2000—2015	4.40	4.51	4.98	4.64	3.46

结合表2.3,根据式(2.3)计算得到,2000—2015年,资源环境治理绩效对国家治理绩效的平均贡献度最高,达到35.86%。民生服务治理绩效、科教发展治理绩效对国家治理绩效的平均贡献度较为接近,分别为24.36%、23.46%。而经济发展治理绩效对国家治理绩效的平均贡献度较低,为16.32%。

结合以上的评价结果可以看出,本章所建立的评价方法对于国家治理的动态评价是有效的,评价结果与国家发展实践较为吻合。从国家治理的四个维度的绩效指数增长变化来看:

① 资源环境治理已成为现阶段国家治理的重中之重,资源环境治理绩效受万元工业增加值用水量、单位GDP二氧化硫排放、单位GDP化学需氧量排放3个指标的影响较大。2000—2015年对这3个指标的管控已取得显著效果,使得资源环境治理绩效指数及其对国家治理绩效的平均贡献度均达到最高。目前资源环境治理已成为我国国民经济和社会发展的重要组成部分,"十三五"时期,国家仍进一步加大对资源环境的治理强度,维持资源环境治理绩效及其对国家治理绩效的平均贡献度在较高水平。

② 经济发展治理绩效受人均GDP、服务业增加值比重2个指标的影响较大。经济发展是资源环境治理的前提条件,而资源环境对经济发展又形成了一

定的制约。现阶段由于受到经济下行压力、经济转型升级的影响,经济发展治理绩效及其对国家治理绩效的平均贡献度相对较低,但经济发展治理绩效仍保持较高的增长幅度。这就要求"十三五"时期加快创新驱动发展,加速经济转型和产业结构优化升级,在强化资源环境治理的同时,使人均 GDP、服务业增加值比重得到提高,进而提升经济发展治理绩效。

③ 科技发展治理绩效受 R&D 占 GDP 比重、每万人发明专利拥有量、高中阶段教育毛入学率、高等教育毛入学率 4 个指标的影响较大,民生服务治理绩效受城镇居民人均可支配收入、农村居民人均纯收入、城镇基本养老保险覆盖人数3 个指标的影响较大。目前科教发展治理绩效和民生服务治理绩效及其对国家治理绩效的平均贡献度均保持了较高水平,但与资源环境治理绩效仍有一定的差距。国家发展实践表明,科技创新和教育发展是经济发展的坚实基础,同时经济发展是民生服务的基础,城乡居民收入、城镇基本养老保险覆盖人数的提高均是国家民生大计。因此,"十三五"时期国家需要进一步加大科技创新投入和提升教育发展水平,提高城乡人均收入和城镇基本养老保险覆盖人数,进而提升科教发展治理绩效和民生服务治理绩效。

2.4.2 国家治理的多维协调发展能力评价

结合表 2.3,根据式(2.4)、式(2.5)计算得到,2000—2015 年,资源环境治理能力指数和科教发展治理能力指数均达到最高值 1,民生服务治理能力指数达到 0.98,接近最高值 1,而经济发展治理能力指数略低,为 0.93。根据式(2.6)计算得到,在四个维度的共同治理作用下,现阶段国家治理的多维协调发展能力指数较高,达到了 0.977。

总体来看,由于科教发展治理、资源环境治理、经济发展治理的绩效指数的年均增长率较为接近,仅民生服务治理绩效指数增长相对较慢,现阶段国家治理的多维协调发展能力指数保持较高水平。从四个维度之间的相互作用关系可看出,未来政府在改善四个维度的治理绩效的同时,保持四个维度的治理绩效达到相近水平且同步增长,从而进一步提升国家治理的多维协调发展能力。

2.5 结语

(1) 基于相关文献研究与实践经验性探索,立足我国国民经济和社会发展全局,从经济发展、科教发展、资源环境、民生服务等综合视角,建立国家治理评价指标体系。该评价指标体系与学者们仅从定性分析视角探讨国家治理评价体系构建的研究思路不同,试图提出一套国家治理评价指标体系设计的基本框架,从综合视角更为全面地反映国家治理现状。但该评价指标体系的不足之处表现为:由于量化指标可获得性的局限,导致指标范围相对粗糙,在经济发展、科教发展、资源环境、民生服务等各个维度的治理指标中,质量指标涵盖较少。这为进一步完善国家治理评价框架体系的深化研究提供了方向。

(2)采用加权综合指数法、改进的理想解模型和协调度评价法,构建了国家治理的多维绩效贡献及其协调发展能力评价方法。该方法有效克服了仅从静态角度对特定年份国家治理的不同维度绩效进行评价的不足,反映了不同时期国家治理绩效的变化趋势,同时实现了对国家治理的不同维度绩效的对比分析,体现了不同维度对国家治理绩效的贡献。该方法能够综合反映不同维度治理能力的优劣差异及其协调发展能力。

(3)以往学者们针对国家治理绩效状况的评价,主要围绕国家治理的不同维度绩效进行分析,没有从综合视角体现不同时期国家治理绩效的动态变化。本书应用该方法从综合视角实证分析了2000—2015年国家治理绩效指数动态变化趋势,揭示了国家治理绩效指数动态变化的动因,确定了各维度指标对国家治理绩效指数的平均贡献度,对比分析了各维度治理绩效指数,评价了国家治理的各个维度之间的协调发展能力。该方法弥补了已有成果从不同维度进行单独分析的不足,更好地把握了国家治理存在的综合问题。

(4)国家治理绩效动态评价的结果表明,2000—2015年期间,国家治理绩效指数保持快速增长趋势,年均增长率达到4.40%。四个维度的治理绩效指数均有不同程度的提升,按提升速度排序依次为科教发展治理、资源环境治理、经济发展治理、民生服务治理。按治理绩效指数的优劣排序依次为资源环境治理、科教发展治理、民生服务治理、经济发展治理。按平均贡献度排序依次为资源环境治理、民生服务治理、科教发展治理、经济发展治理。国家治理四个维度之间的协调发展能力指数高达0.977,其中经济发展治理、科教发展治理、资源环境治理、民生服务治理四个维度的治理能力指数分别为0.925、1、1、0.983。从评价结果来看,国家治理是对绿色发展的积极响应,资源环境治理加强、资源生产率大幅度提高、污染排放率降低,这充分验证了评价结果与实践发展的一致性。

(5)国家治理动态评价的结果表明,目前经济发展、科教发展、资源环境、民生服务等各个维度的治理指标对国家治理均产生重要影响。为此,在国家治理体系现代化与国家治理制度建设过程中,应充分发挥政府"有形之手"的宏观调控作用和市场"无形之手"的资源配置作用,加快创新驱动发展、促进经济转型升级,从源头上加快转变经济与社会发展方式。同时,从激励和约束两方面入手,构建激励相容机制,加大力度持续优化国家治理的多维绩效,巩固并提升国家治理的多维协调发展能力。

参考文献

[1] 全球治理委员会. 我们的全球伙伴关系[M]. 伦敦:牛津大学出版社,1995.

[2] 詹姆斯·N. 罗西瑙. 没有政府的治理[M]. 张胜军,刘小林,等译. 南昌:江西人民出版社,2001.

[3] 格里·斯托克. 作为理论的治理:五个论点[J]. 华夏风,译. 国际社会科学(中文版),1999(1):19-30.

[4] R. A. W. 罗茨,杨雪冬. 新治理:没有政府的管理[J]. 经济管理文摘,2005(14):41-46.

[5] 俞可平. 治理和善治:一种新的政治分析框架[J]. 南京社会科学,2001(9):40-44.

[6] 韩冬雪. 衡量国家治理绩效的根本标准[J]. 人民论坛,2014(4):34-36.

[7] 薛澜,张帆,武沐瑶. 国家治理体系与治理能力研究:回顾与前瞻[J]. 公共管理学报,2015,12(3):1-12+155.

[8] 殷路路,李丹青. "善治"与"善制":现代化视阈下我国国家治理与政治体制改革的互动逻辑[J]. 理论研究,2016(4):60-64.

[9] 赖先进. 改进和创新党的执政方式 提升国家治理绩效[J]. 中国党政干部论坛,2014(4):74-76.

[10] 李放. 现代国家制度建设:中国国家治理能力现代化的战略选择[J]. 新疆师范大学学报(哲学社会科学版),2014,35(4):29-35.

[11] World Bank. Worldwide Governance Indicators[EB/OL]. [2015-2-5]. http://info.worldbank.org/governance/wgi/index.aspx#home.

[12] UNDP. Governance Indicators: A User's Guide, Second Edition[R]. New York, 2007.

[13] Claire Naval, Sylvie Walter, Raul Suarez, et al. Measuring Human Rights and Democratic Governance: Experiences and Lessons from Metagora[J]. OECD Journal on Development, 2008, 9(2):260.

[14] 萧鸣政,张博. 中西方国家治理评价指标体系的分析与比较[J]. 行政论坛,2017(1):19-24.

[15] 俞可平. 关于国家治理评估的若干思考[J]. 华中科技大学学报(社会科学版),2014,28(3):1-2.

[16] 薛澜. 顶层设计与泥泞前行:中国国家治理现代化之路[J]. 公共管理学报,2014,11(4):1-6+139.

[17] 何增科. 中国治理评价体系框架初探[J]. 北京行政学院学报,2008(5):1-8+42.

[18] 臧雷振. 治理类型的多样性演化与比较——求索国家治理逻辑[J]. 公共管理学报,2011,8(4):40-49.

[19] 唐皇凤.构建法治秩序:中国国家治理现代化的必由之路[J].新疆师范大学学报(哲学社会科学版),2014,35(4):19-28.

[20] 徐琳,谷世飞.公民参与视角下的中国国家治理能力现代化[J].新疆师范大学学报(哲学社会科学版),2014,35(4):36-42.

[21] 柳新元.国家的治理方式、治理成本与治理绩效[J].江海学刊,2000(4):40-44.

[22] 徐文伟,周雄,郭壮明,等.梧州市"十二五"规划指标体系研究[J].市场论坛,2011(2):3-7.

[23] 鄢一龙,吕捷,胡鞍钢.整体知识与公共事务治理:理解市场经济条件下的五年规划[J].管理世界,2014(12):70-78.

[24] 胡鞍钢,杨竺松.中美国家治理绩效比较[J].国家治理,2014(8):3-16.

[25] 丁志刚.论国家治理能力及其现代化[J].上海行政学院学报,2015,16(3):60-67.

[26] 唐勇.国家治理评价指标设计的法理分析[J].观察与思考,2015(4):54-59.

[27] 胡联合,胡鞍钢,魏星.国家治理:社会矛盾的实证研究[J].新疆师范大学学报(哲学社会科学版),2014,35(3):1-14.

第三章
北大荒农业现代化的绿色发展模式与进程评价研究

探索我国农业现代化的发展新理念、新模式、新路径,有利于加快推进农业现代化步伐。本章立足北大荒农业现代化的发展实践,提出北大荒农业现代化的绿色发展内涵、目标与特征,探索北大荒农业现代化的绿色发展模式;从经济、社会及生态三个维度,对农业现代化的绿色发展评价指标体系进行系统设计,采用层级等值赋权法与目标一致性评价法,综合评价北大荒农业现代化的绿色发展进程,探讨北大荒农业现代化的制度保障。研究表明,北大荒农业现代化贯彻落实绿色发展理念,从2010年开始已领先全国其他地区,绿色发展进程综合实现程度已超过50%,即绿色发展进程已顺利推进一半。2010—2015年北大荒农业现代化的绿色发展进程综合实现程度进一步从50.46%上升至59.45%。其中,社会福利实现程度上升最快,其次是经济效益实现程度;生态财富实现程度上升较慢,但生态财富的实现程度已超过社会福利和经济效益。预计2047年北大荒将完成农业现代化的全面绿色转型。北大荒农业现代化的绿色发展道路的探索,作为中国农业现代化的绿色发展道路的缩影,既是中国农业现代化绿色转型的历史责任,更是支撑中国现代化绿色发展的重要任务。

3.1 引言

我国是农业大国,农业现代化是党中央国务院致力于国家治理体系与治理能力现代化的重大目标之一。2015年12月31日,中共中央、国务院发布《关于落实发展新理念加快农业现代化 实现全面小康目标的若干意见》,"农业绿色发展"首次写入中央一号文件,进一步指明了我国农业现代化的转型发展方向,即调整农业发展路径,转向绿色轨道。党的十八届五中全会提出了"创新、协调、绿色、开放、共享"五大发展理念,为深入探索我国农业现代化的发展新理念(绿色发展理念)、发展新模式(绿色发展模式)、发展新路径(绿色发展进程)奠定了坚实的基础。2017年中共中央、国务院发布《关于深入推进农业供给侧结构性改革 加快培育农业农村发展新动能的若干意见》，成为党中央国务院连续14年聚焦"三农"工作的"中央一号文件"，进一步提出加快转变农业发展方式，推行绿色生产方式，将绿色发展理念与模式始终贯穿于农业现代化进程，实现从现代农业转向绿色农业，以增强农业可持续发展能力，对于我国农业现代化的绿色转型发展具有重要的推动作用。北大荒(黑龙江农垦)位于我国东北小兴安岭山麓、松嫩平原和三江平原地区，属世界著名的三大黑土带之一，辖区总面积为5.54万km^2。北大荒推进农业现代化的过程，已走在全国前列。作为我国农业现代化的缩影，北大荒农业现代化成了我国"农业绿色发展"典型代表。为此，应深入剖析北大荒农业现代化的绿色发展理念、模式，综合评价北大荒农业现代化的绿色发展进程，并探讨北大荒农业现代化的制度保障，为加快推进我国农业绿色发展步伐提供重要支撑。

国内外针对农业现代化已进行了大量的较为成熟的理论研究与实践探索，主要围绕农业现代化的内涵、影响因素、目标与路径、模式、发展阶段演变、进程评价和对策选择开展研究。英国作为工业革命的发源地，最早用现代科学技术装备改造传统农业，19世纪下半叶已成为农业现代化的先行者。发展中国家于20世纪50年代初期开始关注农业现代化问题，通过引进发达国家的先进农业技术，学习发达国家的现代化经营管理经验，对农业和农村现代化进行一系列研究，以促进本国农业现代化进程。其中最为典型的就是著名的"刘-费-拉"模型和舒尔茨理论[1-2]，探讨了农业剩余劳动力在产业部门之间的转移问题，系统研究了传统农业向现代农业转型的条件和路径，并对实行农业现代化和工业化采取的途径措施、体制机制进行了比较系统的研究；Dholakia等[3]从土地、劳动力、资本的生产力及农业生产的稳定性方面，衡量了农业现代化对经济增长的影响，并认为工业化是农业现代化发展的先决条件；Diederen等[4]分析了农业现代化的影响因素并发现农场规模、农产品的多样化、农场之间的相互合作以及接受信息的便捷度与农业现代化呈正相关。

农业现代化是一个具有时代性、区域性、整体性的概念。中国农业现代化有其特殊性，是建立在小规模经营基础之上、多元模式、多条路径、具有发展中大国特征、推进"四化同步"(工业化、城镇化、信息化和农业现代化)背景下的农业现代化[5-6]。早在19世纪末期，孙中山先生就提出制度、科技和先进生产工具是建设中国现代农业的三大要素。20世纪50年代至70年代，学术界将农业现代化界定为"四化"(机械化、化肥化、水利化和电气化)，重点强调生产过程现代化；20

世纪70年代末至80年代末期,农业现代化的概念进一步拓展为生产过程现代化、经营管理方式现代化;20世纪90年代初期至90年代末期,毛飞等[7]进一步深化对于农业现代化的认识,注重从农业生产基本要素、经营管理方式和发展终极目标等方面来理解农业现代化。21世纪以来,围绕农业现代化问题,国内相关机构、理论界已形成了较为丰富的研究成果,如《中国特色农业现代化道路研究》[8]、《农业现代化的趋势和路径》[9]和《中国特色农业现代化建设研究》[10]等,这些成果为我国农业现代化理论研究与实践探索做出了巨大贡献。通过对农业现代化研究成果进行梳理,学者们主要从影响因素[11-12]以及农业现代化与工业化-信息化-城镇化耦合协调性[13-14]、指标体系与评价方法构建[15-17]等方面,对我国农业现代化的时空格局进行探讨,探求了农业现代化定量研究的规律。胡鞍钢对北大荒的农业发展历程与实践进行了探索,将北大荒界定为中国绿色农业的先行者、示范者和领先者[18-19]。此外,有研究提出农业现代化过程中还存在一些比较根深蒂固的问题亟待解决,如农业劳动者现代发展观念滞后、环境保护意识薄弱、缺乏农产品安全意识以及农业生态保护的法律法规不健全[20]。

参考已有研究,农业现代化的内涵十分丰富,不仅涉及农业生产要素现代化、农业生产技术或手段现代化,同时涵盖劳动者现代化、农业管理现代化、农业市场经营现代化、农业运行机制现代化等方面;农业现代化评价指标主要体现在农业现代化要素的投入与产出水平以及农村社会发展水平等方面;农业现代化评价方法以多指标综合测度法、参数比较法为主,辅以DEA模型和人工神经网络模型等方法。但从现有研究成果来看,如何将绿色发展思想深入贯彻到我国农业现代化过程中,进一步探寻我国农业现代化的新发展理念、新发展模式、新发展路径与制度保障,仍是一个值得深思的课题。为此,根据北大荒农业现代化的发展实践,剖析北大荒农业现代化的绿色发展内涵、目标与特征,探索北大荒农业现代化的绿色发展模式,构建农业现代化的绿色发展评价指标体系,综合评价北大荒农业现代化的绿色发展进程,进一步探讨北大荒农业现代化的制度保障。

3.2 北大荒农业现代化的绿色发展理念

3.2.1 农业现代化的绿色发展内涵与目标

农业现代化的绿色发展内涵,不仅强调在整个农业产业链条的各个环节中,通过强化与农业相关的物质资本、人力资本、技术资本等不同生产要素的投入,改变生产要素的投入比重和组合方式,实现基要生产函数组合方式从量变到质变的连续变化和跃迁,更为重要的是,强调在整个农业产业链条的各个环节中,强化各类资本之间的可替代性,通过引入绿色要素,实现农业绿化生产函数的有机组合,加快形成资源利用高效、生态系统稳定、产地环境良好、产品质量安全的农业发展新格局。

北大荒农业现代化的绿色发展理念强调"经济-社会-生态"三位一体的创新发展、协调发展、绿色转型发展。北大荒农业现代化的绿色发展理念追求经济、社会和生态三大目标。

（1）经济目标。以科技创新为根本途径,创新北大荒农业绿色发展模式,优化北大荒农业种植业结构布局,加快发展劳动密集型绿色能源,提高农林废弃物能源化和资源化利用,完善节能、节水、节肥技术,降低万元GDP能耗与万元GDP水耗,提高灌溉水有效利用系数,增加可再生能源消费比重。最终,达到有机农业质量标准,降低农产品生产成本,不断增加农作物有机肥的使用量,提高农业粮食单产和粮食总产量,创造更多的农产品附加值,保障国家粮食的健康生产与安全,充分发挥国家粮食战略储备库的作用。

（2）社会目标。充分发挥集中力量办大事的组织优势,完善北大荒"阶梯式"地租的农业生产制度建设,加大农村扶贫力度,增加农民就业机会,快速提高农民收入水平,提升农民生活质量,进一步缩小城乡贫富差距。最终,提高农业生产的社会效益,提供安全、无公害、绿色有机食品,维护农民和消费者的健康利益。

（3）生态目标。加快北大荒农田水利基础设施建设与林业建设,加强水土流失综合治理与生态修复,以地表水灌溉置换地下水开采利用,减少农业生产的面源污染。大幅度提高森林覆盖率,完善农田林网建设,打造安全的生态屏障。提高绿色城镇覆盖率,改善农村生态环境,打造生态宜居区,守护生态财富。

3.2.2 农业现代化的绿色发展特征

根据北大荒农业现代化的绿色发展内涵与目标,北大荒农业现代化的绿色发展特征具体可概括为:

1)"经济-社会-生态"三位一体的系统观

北大荒农业现代化强调"绿色经济发展"、"绿色社会福利"和"绿色生态财富"并重。其中,绿色经济发展表现为:以绿色科技、绿色原料和绿色资本带动低能耗、低水耗,提高北大荒农业灌溉水利用系数和可再生能源消费比重,实现人口、经济增长与农业水资源消耗利用零增长。绿色社会福利表现为:增强北大荒自然灾害、水灾害防御能力,降低农业面源和农村水环境污染排放,切实解决北大荒广大群众饮水安全问题,保障人民生理健康与生活质量提高。从保障国家粮食安全到民生食品安全,实现人民社会福利最大化。绿色生态财富表现为:通过主体功能区规划等方式反哺自然,加强北大荒场县共建,推进城镇化农业,减少农业发展对自然资本的过度耗竭和污染破坏,以物质资本、技术资本的投入,换取生态资本,增加绿色生态财富。

2)"经济-社会-生态"三位一体的整体观

北大荒农业现代化不仅关系到国家经济社会发展全局,还关系到生态环境的健康发展。农业现代化过程中,满足"经济-社会-生态"三位一体的发展需求成为农业现代化的重要内容,必须充分发挥整体优势,全面保障国家粮食安全、民生食品安全、生态屏障安全,实现农业耗水量降低、农产品附加值增加、地下水开采利用减少、农业面源污染减少、农村水环境改善、农田林网建设、水土流失综合治理以及生态修复。

3)"经济-社会-生态"三位一体的协调观

北大荒农业现代化的重点是协调经济、社会以及生态之间的矛盾,首先是满足社会需求,保障北大荒国家粮食安全和民生食品安全,解决北大荒饮水困难和饮水安全问题。其次是兼顾生态需求,加强农业、林业、水利"农林水一体化"建设,保障生态屏障安全。再者是满足经济需求,降低粮食生产的能耗和水耗,提高农产品附加值。最终,实现"经济-社会-生态"三位一体的绿色发展,即由经济增长最大化逐步转向经济净福利最大化,与农业水资源消耗利用脱钩,实现绿色经济发展;由社会不公平逐步转向社会公平,由部分人群社会福利最大化到全体人口社会福利最大化,实现绿色社会福利;由生态赤字转向生态盈余,实现绿色生态财富。

3.3 北大荒农业现代化的绿色发展模式

北大荒农业现代化的重要目标是保障国家粮食安全、民生食品安全和生态屏障安全。北大荒农业现代化的绿色发展是基于农业现代化绿色发展理念,以完善绿色农业布局为主线、建设绿色林业为保障、发展绿色水利为支撑,加强"农林水一体化"建设,形成低碳农业、生态水利,保护森林、草场、湿地等绿色生态空间,维护国家生态屏障安全。因此,北大荒农业现代化的绿色发展模式不仅表现在绿色农业建设方面,同时必须以绿色林业建设、绿色水利建设作为重要支撑。最终通过"农林水一体化"建设,实现北大荒农业现代化的绿色发展目标。

3.3.1 绿色农业建设：构建绿色产业链循环经济，制定新型工业化发展规划，优化空间布局

北大荒在构建绿色食品原料基地、绿色食品生产体系、绿色物流营销体系过程中，主要以绿色农业标准建设、质量追溯体系建设和产地品牌建设等机制建设为依托，通过建立健全农业"绿色产业链"综合体系，制定新型工业化发展规划，优化空间布局。

1) 构建绿色产业链循环经济

北大荒农场创新"农业-工业-能源-人居环境-生态旅游"全产业链的循环经济和清洁生产机制，推广"农-畜-沼-肥-农"和"农-秸秆(稻壳)-燃气(发电)-灰渣肥-农"等循环新模式，建立农业生物技术研发中心，生物有机肥料、生物农药生产基地，土壤修复技术核心示范区，秸秆综合利用中心，沼气工程推广中心等新兴产业，推动"绿色产业链"向更高层次发展，以取得较好的经济效益、社会效益和生态效益。

2) 制定新型工业化发展规划，优化空间布局

在安全食品原料基地布局方面，加速推进绿色农产品种植和绿色畜禽产品养殖。在安全食品加工体系、物流营销体系的布局上，创新"北大荒集团-民营企业-合作组织"机制，发挥产业集群效应，建成多个绿色园区，规划绿色物流体系、完善绿色营销配送体系。按照北大荒《农业现代化示范区建设方案》，到2025年，北大荒农作物耕种收综合机械化水平达99.7%，科技贡献率达80%，畜禽养殖规模化率达70%以上，建立区域农业综合服务中心20个，绿色有机食品认证面积2 000万亩，垦区全面实现现代化。最终，绿色农业建设为北大荒粮食安全和食品安全做出重要贡献。

3.3.2 绿色林业建设：增加林业效益，构建生态屏障

在北大荒农业现代化过程中，绿色林业建设不仅增加了林业经济、社会、生态综合效益，更重要的是发挥了生态保障功能。

1) 增加林业经济、社会、生态效益

在自然生态资源保护方面，至"十一五"时期，北大荒已建成各级各类自然保护区21个，保护地130个，总面积达75.33万 hm^2，占垦区面积的13.49%。同时，响应国家对湿地保护的要求，北大荒成立了湿地管理办公室，编制并呈报了垦区退耕还湿规划和湿地保护规划，向国家申报了挠力河湿地自然保护区建设项目，洪河自然保护区纳入全省两个退耕还湿试点单位之一，垦区受保护湿地面积已

达 27 万 hm², 形成了以洪河、挠力河、兴凯湖及哈拉海为重点的湿地保护区。

在建设民生林业方面,至"十一五"时期,家庭林场发展到 1.7 万个,民营苗圃达 100 多个,育苗 0.25 万 hm²,年产苗 2.5 亿株,经济林 0.8 万 hm²,蔬菜葡萄大棚 433.3 hm²,水果产量超 2.5 万 t,食用菌 6 500 万袋(年产干品 2 000 t 以上),中草药 0.8 万 hm²,人工种植山野菜 0.5 万 hm²,特禽养殖 21 万只,林业综合产值达 20 亿元以上,新增就业 5 万余人,林业产业继续保持 30% 的增速。此外,北大荒林业建设更加重视多样化、生态效益和美观性,依托绿色小城镇建设,打造现代农业、湿地风光等多种生态旅游线路,为其进一步发展生态旅游等产业奠定基础。

2) 为农业现代化提供生态屏障

北大荒通过田间林网建设,形成保护农业现代化的生态屏障。农田林网化率达到 95%,建成 7 万条林带、4 万余个网格,农区森林覆盖率 18.2%。田间林网建设的全面覆盖,发挥了防风护堤、水土保持、改善小气候等积极效果,有力保障了北大荒农业现代化。据测算,在农田防护林的作用下,北大荒小麦平均增产 12.4%,大豆平均增产 12.6%,风速减慢 48%,气温提高 0.8%~3.6%,蒸发量减少 7.5%,土地含水量增加 3.8%~4.3%,绝对湿度提高 2.3%~4.9%,降水量提高 5.1%。

3.3.3 绿色水利建设:完善水利基础设施建设,破解地下水资源瓶颈

在北大荒农业现代化过程中,水利是农业的命脉,绿色水利转型为北大荒农业现代化提供了重要的支撑作用。

1) 完善水利基础设施建设

自中华人民共和国成立以来,北大荒水利建设累计完成投资 125 亿元。尤其是"十五"到"十一五"期间,十年内完成的水利建设投资总额超过了之前历年的累计数,且从 22.7 亿元迅速增加到 43 亿元,在短短 5 年的时间里,投资增幅达 89.43%;其中国家水利基本建设投资所占比重从 23.79% 增加到 38.37%,增加近 15 个百分点。从水利基础设施建设体系来看,北大荒已初步建成了防洪、除涝、灌溉和水土保持四大工程体系,为农业现代化发挥了极大的作用。

在防洪除涝工程建设方面,先后完成了规划内 37 座重点中小型病险水库的除险加固,防洪除涝骨干体系基本形成。中华人民共和国成立以来,累计建成堤防 2 878 km,堤防保护耕地 89.8 万 hm²。治理主要涝区 102 处,达成除涝面积 142.8 万 hm²,有效提高了农业抗御水旱灾害的能力。

在灌溉工程建设方面,1949 年以来的累计有效灌溉面积达到 173.3

万 hm², 占耕地总面积的61%, 累计达成地表水灌溉面积28.7万 hm², 旱田节水灌溉面积24.1万 hm²。20世纪90年代后期开始, 先后开展了4处大中型灌区续建配套工程建设, 启动了8处大型灌区工程, 建设了13处节水增效示范项目和一大批旱田节水灌溉工程。

从水土保持生态工程建设来看, 近年来, 垦区每年投入5 000余万元用于水土保持生态环境建设, 多年来累计完成投资4.52亿元, 累计治理水土流失面积38.9万 hm²。

在农村饮水工程建设方面, 2003年起, 农村饮水安全工程列入国家计划, 先后开展了农村饮水解困和安全工程建设, 累计下达计划投资2亿元, 解决了40.84万人的饮水安全问题, 维护了人民群众的切身利益。

2) 破解地下水资源瓶颈

北大荒农业现代化过程中, 从地下水资源利用来看, 1947—1999年为保障粮食生产安全, 地下水资源利用量逐渐增加。1999年北大荒垦区利用机电井抽取地下水达到35.52亿 m³, 已超过地下水可开采资源量。2000—2010年北大荒垦区地下水开采量随井灌水田面积增加呈逐年增长趋势, 2010年增至52.4亿 m³ (年均增长率4%), 抽取的95%的地下水位于东部三江平原地区。面对地下水资源局部超采的挑战, 北大荒启动实施"节水增粮行动", 加快建设节水型低碳农业, 通过一系列新技术的引进、示范和推广, 将信息化、自动化与循环经济结合起来, 充分提高水资源利用效率; 同时, 通过大型地表水灌区建设, 实现地表水资源对地下水资源的置换, 逐步实现地下水资源赤字向地下水资源盈余转变。具体措施为:

第一, 大力实施地表水灌溉工程, 全面推广"浅、湿、干"灌溉和积极引进水田节水控灌技术, 加快旱田节水灌溉工程建设。一是累计达成地表水灌溉面积28.7万 hm², 地表水利用量增长到24.8亿 m³。2009年启动了三江平原四大灌区工程建设, 江水灌溉面积由2011年的1万 hm²增加到2014年的23.3万 hm²。2020年江水灌溉面积将进一步增加到47.7万 hm², 每年可引入地表水52.9亿 m³, 减少地下水开采20亿 m³左右, 可为三江平原14万 hm²湿地补水3亿 m³。二是落实水田节水控灌推广面积13.3万 hm², 井灌水田亩均用水量由2000年的450 m³减少到340 m³, 实现年节水2.16亿 m³, 取得了良好节水增产效果。三是以大型喷灌为重点, 启动了"节水增粮行动"项目, 累计达成旱田节水灌溉面积24.1万 hm²。

第二, 建三江管理局创造性地在平原区大规模开展了拦蓄地表水工程建设, 利用现有排涝体系, 修建节制闸, 拦蓄地表水工程"排、蓄、灌、养、观光"相结合,拦蓄利用地表水3.5亿 m³,可对6.7万 hm² 水稻进行灌溉,有效降低了抽水成本、增加了粮食产量,获得了良好的经济效益和生态效益。

第三,不断深化水利管理体制和运行机制改革,组建了31个灌区用水合作组织,调动农户节水积极性,深化灌区水价改革,通过价格杠杆促进农业节水增效,有效缓解垦区地下水资源局部超采问题。此外,为加强对重点用水企业的监管,进一步完善了垦区用水自动化监控平台建设,推行用水计量收费,鼓励企业淘汰落后工艺和设备,降低节水型企业用水成本,实现节水增效。

3.4 北大荒农业现代化的绿色发展进程评价

根据农业现代化的绿色发展理念,参考"经济-社会-生态"三位一体的绿色发展内涵与目标,综合"农林水一体化"建设的绿色发展模式,进一步构建北大荒农业现代化的绿色发展评价指标体系,综合评价北大荒农业现代化的绿色发展进程。

农业现代化的绿色发展评价指标体系是"经济-社会-生态"三位一体的综合性指标体系,主要包含三个维度:经济效益指标,对绿色经济增长变化程度的总体衡量;社会福利指标,对绿色社会福利提升程度的总体衡量;生态财富指标,对绿色生态财富累积程度的总体衡量(表3.1)。

表3.1 2010—2047年北大荒农业现代化的绿色发展评价指标体系

准则层	指标层	2010年	2015年	2020年	2047年
经济效益	万元 GDP 能耗(t/万元)	0.96	0.85	0.74	0.40
	万元 GDP 水耗(m³/万元)	1 015	611	348	31
	灌溉水有效利用系数	0.53	0.56	0.60	0.67
	可再生能源消费比重(%)	10	17	20	35
	实现程度(%)	38.10	46.10	52.41	100
社会福利	无公害农产品产地认定面积(万 hm²)	223	267	320[a]	400[a]
	无公害农产品认证产品(个)	501	760	1 150[a]	1 500[a]
	绿色食品监测种植面积(万 hm²)	141.07	170.67	266.67	286.67
	绿色食品认证产品(个)	257	360	500	800
	有机农产品认定面积(万 hm²)	14	16	20	133
	有机农产品认证产品(个)	187	300	350	500

续表

准则层	指标层	2010 年	2015 年	2020 年	2047 年
社会福利	城镇化率(%)	72	90	92	93
	实现程度(%)	38.62	50.57	63.61	100
生态财富	城镇绿化覆盖率(%)	35	38	40	45
	森林覆盖率(%)	18.2	20.0	20.3	21.0
	水土流失面积占比(%)	16.8	15.3	14.0	10.0
	实现程度(%)	74.66	81.68	85.66	100
综合实现程度(%)		50.46	59.45	67.23	100

资料来源:结合《黑龙江垦区统计年鉴》《黑龙江垦区现代化大农业规划纲要(2011—2047)》,可整理得到 2010—2015 年北大荒农业现代化的绿色发展评价指标参数值。同时,参考《黑龙江垦区现代化大农业规划纲要(2011—2047)》,可估算得到 2020—2047 年北大荒农业现代化的绿色发展评价指标值。a 为作者估算的数据。

根据表 3.1 中的评价指标,首先,考虑到各个层级各个指标均有同等重要性,因此采用层级等值赋权法,确定各指标的权重。其次,根据《黑龙江垦区现代化大农业规划纲要(2011—2047)》,将 2047 年作为实现北大荒农业现代化的绿色发展进程的重要节点,并以 2047 年的指标值为指标参考标准,采用目标一致性评价法,将 2010—2020 年的指标值与 2047 年的参考值进行对比,综合评价 2010—2047 年北大荒农业现代化的绿色发展进程。其中,对于正向指标,以"评价指标值/指标参考标准"作为该指标的实现程度;对于逆向指标,以"指标参考标准/评价指标值"作为该指标的实现程度;综合实现程度为各单项评价指标实现程度加权之和除以指标总个数。

北大荒农业现代化从 2010 年开始已领先全国其他地区贯彻落实绿色发展理念,绿色发展进程综合实现程度已超过 50%(表 3.1),即绿色发展进程已顺利推进一半。2010—2015 年北大荒农业现代化的绿色发展进程综合实现程度进一步从 50.46%上升至 59.45%,其中,社会福利实现程度上升最快,从 38.62%上升至 50.57%;其次是经济效益实现程度,从 38.10%上升至 46.10%;生态财富实现程度上升最慢,从 74.66%上升至 81.68%。但 2015 年生态财富的实现程度已超过社会福利和经济效益。

通过估算,2015—2020 年,北大荒农业现代化的绿色发展进程综合实现程度从 59.45%上升至 67.23%。其中,社会福利实现程度仍然保持上升最快,从 50.57%上升至 63.61%;其次是经济效益实现程度,从 46.10%上升至

52.41%；生态财富实现程度上升最慢，从81.68%上升至85.66%。但2020年的生态财富实现程度仍超过社会福利和经济效益。预计2047年北大荒农业现代化的绿色发展进程综合实现程度将达到100%。

表3.1中绿色发展评价指标的变化比较客观地、全面地反映了北大荒农业现代化的绿色发展进程，它是一个从量变到局部质变、再到全局质变的历史变迁过程。这为北大荒农业现代化的绿色发展指明了方向，明确了更加清晰的参照系、进程表和路线图。北大荒农业现代化通过实现"农林水一体化"建设的绿色发展模式，加快"经济-社会-生态"三位一体的全面转型，成为中国全面实现农业绿色发展的标杆。

3.5 北大荒农业现代化的绿色发展制度保障

北大荒农业现代化的绿色发展之路离不开相关的制度保障，主要体现在创新双层经营体制和形成"场县共建"（垦地共建）机制两个方面。

3.5.1 创新双层经营体制

北大荒农业现代化过程中，"大集团套大农场，大农场套家庭农场"的双层经营体制发挥了至关重要的作用。"大农场套家庭农场""大集团套大农场"的管理体制和经营方式，充分体现了集中与分散、集权与分权，使大农场积极性和小农场积极性之间的平衡紧密结合。"大农场套家庭农场"形成了高度组织化、规模化的农业生产体系；"大集团套大农场"形成了高度专业化、超大规模化的现代大农业生产体系。这种生产体系实现了农业生产的统一种植计划、统一农业技术、统一农时、统一作业标准、统一机械调度、统一晒场管理，既能够更好地缩短农时、应对农业风险，发挥规模化、现代化农业的防灾减灾能力，实现粮食增收，解决粮食安全问题，又能够在标准化的基础上，最大可能地保障农产品的质量控制，解决食品安全问题。同时，家庭农场的土地、机械承包到户，核算、盈亏到户和生产、生活到户，还能最大限度地提高农户生产积极性，避免集体化过程中出现投入激励不足的困境。

此外，针对绿色农产品"质高价低"，附加值提升不足等问题，北大荒在农场经营体制基础上发展合作经济，成立专业的合作组织，注册独立的法人主体参与市场销售。一方面，利用合作经济的组织优势，提高农户面对市场的风险应对能力；另一方面，应用北大荒的品牌建设、基础设施建设、社会化服务体系建设能力，推动新型工业化发展，实现规模经济优势。

3.5.2 形成"场县共建"(垦地共建)机制

在北大荒构建国家安全食品生产基地工程的过程中,最大的亮点是与农场以外的地方县域农户合作,形成"场县共建"(垦地共建)机制。各管理局、农(牧)场与各市县、乡镇已签订合作协议或方案159个,对接单位达到589个。组建农机服务合作组织133个,在地方设立种子销售网点356个,共建城镇道路211 km、通乡通村公路365 km、农田排水工程333 km、旅游区31处。完成农机跨区"三代"作业140万 hm²,垦区共向市县推广农业农机新技术和高产栽培模式755项,为53个市县供应良种16.4万 t,可辐射农村耕地277.2万 hm²,为地方开展农业保险220万 hm²,形成了资源共享、优势互补、互利共赢、共同发展的新局面。

3.6 结论

北大荒农业现代化的绿色发展道路的探索,作为中国农业现代化的绿色发展道路的缩影,既是中国农业现代化绿色转型的历史责任,更是支撑中国现代化绿色发展的重要任务。北大荒农业现代化的绿色发展理念强调"经济-社会-生态"三位一体的创新发展、协调发展、绿色转型发展,"农林水一体化"建设的绿色发展模式通过构建绿色产业链循环经济,制定新型工业化发展规划,优化空间布局,能够有效保障"粮食安全""食品安全";同时增加林业效益,构建生态屏障,能够有效保障"生态安全";通过完善水利基础设施建设,能够有效破解地下水资源瓶颈。

2010—2015年北大荒农业现代化的绿色发展进程综合实现程度取得了明显进展,3项准则层指标中,经济效益、社会福利、生态财富显著提升。2047年北大荒将完成农业现代化的全面绿色转型。为了加快推进北大荒农业现代化的绿色发展进程,必须进一步建立健全现有制度保障体系,包括健全农村生态教育体系、制定农业"生态红线"、健全农产品质量安全管理体系、健全农村生态建设法律法规体系。

参考文献

[1] 西奥多·W.舒尔茨. 改造传统农业[M]. 梁小民,译. 北京:商务印书馆,2021.
[2] 速水佑次郎,弗农·拉坦. 农业发展的国际分析[M]. 郭熙保,张进铭,等译. 北京:中

国社会科学出版社，2000.
［3］Dholakia B H，Dholakia R H. Modernization of agriculture and economic development：the indian experience[J]. Farm and Business — The Journal of The Caribbean Agro-Economic Society，1992，1(1)：19-36.
［4］Diederen P，Meijl H V，Wolters A. Modernisation in agriculture：What makes a farmer adopt an innovation？[J]. International Journal of Agricultural Resources，Governance and Ecology，2003，2(3-4)：328-342.
［5］张红宇，张海阳，李伟毅，等. 中国特色农业现代化：目标定位与改革创新[J]. 中国农村经济，2015(1)：4-13.
［6］黄祖辉. 中国"三农"问题解析：理论述评与研究展望[M]. 杭州：浙江大学出版社，2012.
［7］毛飞，孔祥智. 中国农业现代化总体态势和未来取向[J]. 改革，2012(10)：9-21.
［8］国务院发展研究中心农村经济研究部课题组. 中国特色农业现代化道路研究[M]. 北京：中国发展出版社，2012.
［9］中国科学院中国现代化研究中心. 农业现代化的趋势和路径[M]. 北京：科学出版社，2013.
［10］蒋和平，辛岭，尤飞，等. 中国特色农业现代化建设研究[M]. 北京：经济科学出版社，2011.
［11］钟阳，丁一兵，赵宣凯. 农业现代化发展区位分布的影响因素及空间溢出效应[J]. 南京社会科学，2012(4)：52-58.
［12］于正松，李同昇，龙冬平，等. 陕、甘、宁三省（区）农业现代化水平格局演变及其动因分析[J]. 地理科学，2014，34(4)：411-419.
［13］李裕瑞，王婧，刘彦随，等. 中国"四化"协调发展的区域格局及其影响因素[J]. 地理学报，2014，69(2)：199-212.
［14］徐维祥，舒季均，唐根年. 中国工业化、信息化、城镇化、农业现代化同步发展测度[J]. 经济地理，2014，34(9)：1-6.
［15］王录仓，武荣伟，梁炳伟. 中国农业现代化水平时空格局[J]. 干旱区资源与环境，2016，30(12)：1-7.
［16］杨宏力. 我国农业现代化发展水平评测研究综述[J]. 华中农业大学学报（社会科学版），2014(6)：66-72.
［17］高芸，蒋和平. 我国农业现代化发展水平评价研究综述[J]. 农业现代化研究，2016，37(3)：409-415.
［18］胡鞍钢. 北大荒：创造绿色农业奇迹[J]. 农场经济管理，2012(6)：11-15.
［19］胡鞍钢. "中国之路"与"北大荒之路"[J]. 奋斗，2013(8)：52-54.
［20］李珏，熊永兰. 农业现代化进程中"绿色发展"问题探讨[J]. 湘潮，2016(5)：69-71.

第四章 国家水治理评估体系研究

立足于我国治水实践,从资源维、社会维、经济维、生态维、环境维五个维度,明确国家水治理的目标。并结合水治理目标的五个维度,从驱动力、压力、状态、影响和响应五个方面,阐述水治理分析思路,描绘水治理特征曲线,全面剖析不同时期我国水治理的特征表现。在此基础上,系统设计国家水治理评估指标体系。采用层级等权赋权法和目标一致性法,综合评估国家水治理现状,全面把握国家水治理进程,科学预测 2020—2050 年国家水治理的变化趋势。研究表明,改革开放以来,国家水治理指数从低于 0.235 快速提升至接近 0.70。其中 2010—2015 年是我国水治理的加速期,水治理指数提升了 50% 左右;2020 年,国家水治理指数超过 0.85,实现水资源消耗利用与经济发展协调;预期 2030 年,国家水治理指数将接近 0.95,实现水环境污染排放与经济发展协调,水安全保障能力显著提升;2050 年,国家水治理指数达到最优值 1,达到水资源利用、水污染排放、水灾害损失、水生态退化面积的"零增长",全面实现人水和谐。从国家对水治理的高度重视中可以预见,2030 年之前,我国有望基本实现水治理目标。

4.1 引言

2011 年,党中央国务院发布了《中共中央国务院关于加快水利改革发展的决定》,成为加快推进我国全面建成小康社会的水治理政策蓝图。十八大以来,国家高度重视治水理念、治水方略和治水的相关法律、法规、管理制度的建设,明确了"节水优先、空间均衡、系统治理、两手发力"的治水方针,提出了"创新、协调、绿色、开放、共享"五大发展理念,并将保障国家水安全作为治国理政的重大战略问题。治水理念的提出和治水方针政策的制定与实施为逐渐消除人水矛盾、逐步实现人水和谐提供了重要的战略支撑。为此,以国家水治理为主要研究对象,度量评估国家水治理指数的变化趋势,以此规划未来国家水治理战略布局。

20世纪70年代开始,国际社会和国内外学者开始深入研究国家水治理政策制度,建立健全国家水治理体系,如Blake等[1-4]、Van[5]、Hassan[6]等学者关于美国、荷兰、英国等发达国家水管理政策的制定,Serageldin[7]、Perret[8]等学者关于世界范围内特别是发展中国家水治理实践经验的探索,Gleick[9]、Cech[10]、Douglas[11]、Michael[12-13]等学者关于面向21世纪的全球治水模式与历史经验的研究。通过国际社会水治理实践探索,以及国际法、欧盟和德国水法中水管理理念的比较分析可以发现,以法治为原则,以环境目标为导向,实施综合水体管理已成为国家水治理的有效途径[14-18]。国家水治理重在平衡、协调具有竞争性的多重涉水利益。而高规格的委员会协调机制可以妥善解决各利益相关方的协作问题,由环保部门统筹管理水资源和水环境成为国际主导发展趋势。同时,治水实践表明,必须建立健全水治理体制,充分发挥流域机构在涉水事务协商和利益相关者参与中的地位和作用[19-20],完善法规制度体系、建立协调机制、探索多元共治模式、落实党政同责责任制[21-23]。

为进一步完善我国水治理体制与机制,借鉴水治理的国际研究成果,杨选、高龙、王亚华等众多学者、水利专家[24-33]对我国治水理论和实践进行了深入探索,主要包括国内外典型水治理模式、国际水治理机制体制、瑞典的水治理目标体系和政策对我国的启示等内容。从我国治水实践来看,建立健全防汛抗旱减灾体系、提升供水保障能力、加快推进农业水利建设以及加强水生态修复和水环境保护等工作长期以来都是我国水治理的重点[24-27]。水治理的核心任务是加快从人水矛盾向人水和谐全面转变[26-28]。我国已基本形成了以法律法规为基础、以水管理政策制度的制定为保障、以水行政主管部门为主且多部门协作的水治理体制[31]。水治理体制改革的关键是水资源管理公共机构职能的转变,必须持续扩大市场在水资源配置和水务管理中的决定性作用,通过提高效率和吸纳社会参与,不断完善水治理体系[32-35]。

参考国内外治水实践,目前学者们主要围绕水治理体系、政策、制度展开深入研究,尚未对我国水治理指数进行合理的度量评估,以此规划未来治水战略布局。为此,以国家水治理为主要研究对象,系统设计国家水治理指数评估指标体系,度量评估我国水治理指数的变化趋势,为国家水行政主管部门规划未来治水战略布局提供重要的决策参考。借鉴阮本清等[36-37]学者提出的"水资源具有资源、经济、社会、生态和环境五个维度的基本属性,对水资源的管理针对不同目标有不同的需求",从五个维度明确我国水治理的目标;描绘我国水治理的特征曲线,全面剖析不同时期我国水治理的特征表现;构建我国水治理评估指标体系;

采用层级等权赋权法和目标一致性法,综合度量评估改革开放以来我国水治理的变化趋势,并对 2020—2050 年我国水治理的变化趋势做出前瞻性展望。

4.2 国家水治理的分析思路与特征表现

4.2.1 水治理目标设定

立足于治水实践,我国水治理的总体思路可概括为通过强化治水的物质资本、人力资本、技术资本的有效投入,建立健全水治理体系,逐渐消除人水矛盾、逐步实现人水和谐,加快从人水矛盾向人水和谐的全面转变。借鉴阮本清等[36-37]的观点,我国水治理的目标具体体现为五个维度:①从资源维度来看,水治理目标是严控用水总量,保障地下水采补平衡,加快绿色水利转型,最终实现水资源消耗利用与经济协调发展;②从社会维度来看,水治理目标是保障城乡供水需求,全面消除农村水贫困,提高防洪能力,不断增强水安全保障能力,最终增加社会福利;③从经济维度来看,水治理目标是快速提高水资源利用效率,有效降低水旱灾害直接经济损失,最终实现水灾害损失"零增长";④从生态维度来看,水治理目标是加强水土流失综合治理、自然湿地保护和林业建设,积累绿色生态财富,最终实现水生态退化"零增长";⑤从环境维度来看,水治理目标是提高城镇污水集中处理能力、工业废水排放达标能力、水功能区水质达标能力和省界断面水质综合达标能力,最终实现水环境污染排放与经济发展协调。

4.2.2 水治理分析思路

结合我国水治理目标的五个维度,可从驱动力、压力、状态、影响和响应五个方面,阐述水治理分析思路。首先,在经济增长和社会发展的双轮驱动力作用下,形成了人类对水生态环境影响和破坏的巨大压力,如水资源短缺与水供给不足、水灾害损失加剧、水生态退化、水环境污染严重等,具体可细化为资源维、社会维、经济维、生态维、环境维等五个维度的状态表现(见图 4.1)。其中,①从资源维度来看,生活和生产用水总量增加,挤占生态用水。地下水开采严重是较为突出的问题。②从社会维度来看,城乡供水保障能力较弱,防洪能力有待提高。③从经济维度来看,水资源利用效率相比发达国家较低,水旱灾害防御能力较弱,水旱灾害的经济损失较大。④从生态维度来看,水土流失较为严重,水生态退化面积未得到根本改善,自然湿地未得到有效保护,森林覆盖面积有待扩大。⑤从环境维度来看,水环境污染排放未得到有效控制,废污水排放集中处理能力不足,水质达标率有待进一步提高。

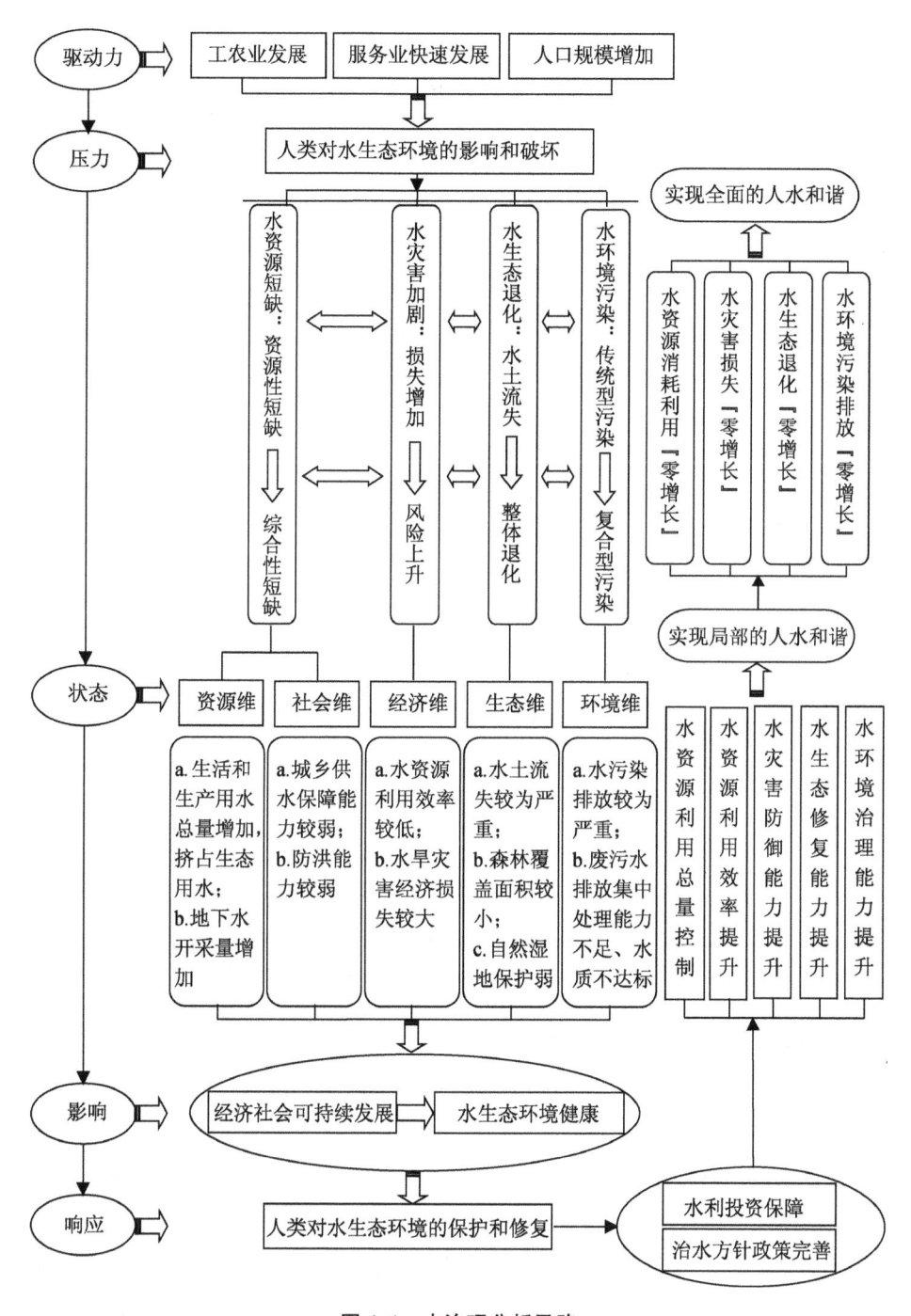

图 4.1 水治理分析思路

五个维度的综合性问题对经济社会可持续发展构成了严重威胁,对水生态环境健康的不利影响也将愈演愈烈,最终对我国水治理形成巨大挑战,影响社会公众的生存安全、生态安全与国家安全。在此影响作用下,我国开始强化水治理,加快对水生态环境的保护和修复,通过水利投资保障和治水方针政策完善,控制用水总量,提升水资源利用效率、水灾害防御能力、水生态修复能力和水环境治理能力,逐步实现局部的人水和谐。在此基础上,再达到水资源消耗利用、水灾害损失、水生态退化、水环境污染排放的"零增长",最终实现全面的人水和谐。

4.2.3 水治理特征表现

结合国家水治理的目标,水治理的核心任务是加快从"人水矛盾"到"人水和谐"的全面转变。依据图 4.1 中的水治理分析思路,可描述水治理特征曲线,见图 4.2。

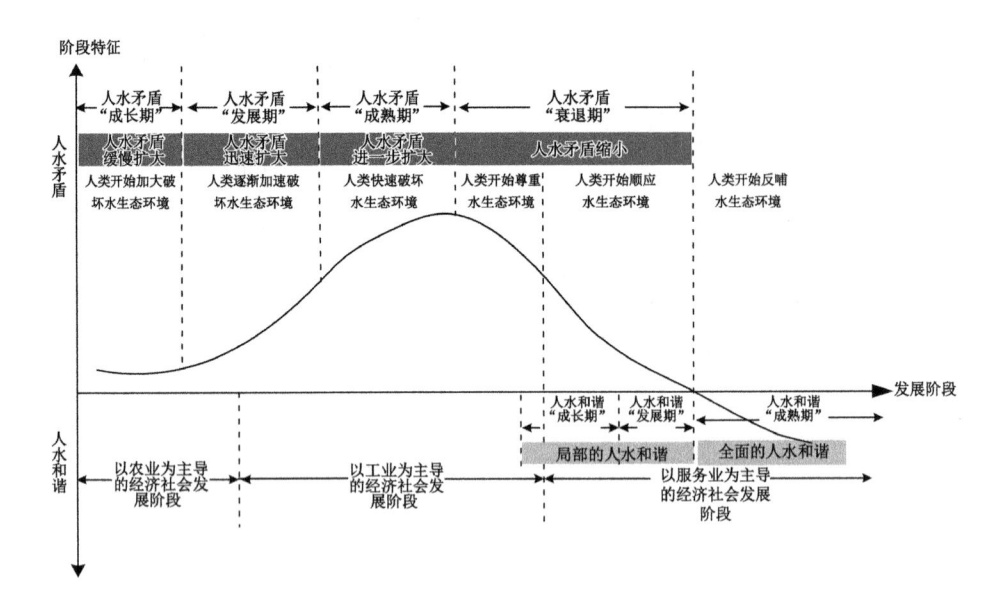

图 4.2 水治理特征曲线

图 4.2 中,横坐标表示不同发展阶段的演变,主要分为农业主导、工业主导、服务业主导的三个经济社会发展阶段。其中,农业主导、工业主导、服务业主导分别表现为农业产值、工业产值和服务业产值占比最大。纵坐标表示水治理的阶段特征。参照图 4.1 和图 4.2,结合我国治水实践,从水治理的六个阶段、五

个维度,全面剖析不同时期我国水治理的特征表现①。

(1) 第一阶段(1949年之前):人水矛盾"成长期",即处于农业主导的经济社会发展阶段,人类开始加大破坏水生态环境,人水矛盾缓慢扩大,但并不突出。

从水治理维度的主要表现来看,①资源维:1949年用水总量为1 030亿 m³,以农业灌溉用水为主。农业灌溉面积为1 593万 hm²,占耕地面积比重为15%。安徽、湖北、湖南、福建、江西、云南、贵州等省份,农田灌溉面积的比重比20世纪初下降了1/3至1/4。工业用水量仅24亿 m³。②经济维:1928—1931年、1933—1935年接连发生全国性水旱大灾,直接死于灾荒的人数近2 000万。

(2) 第二阶段(1949—1980年):人水矛盾"发展期",即进入农业主导过渡为工业主导的经济社会发展阶段前期,人类加速破坏水生态环境,人水矛盾也迅速扩大,形成"人水对立"。

从水治理维度的主要表现来看,①资源维:由于工业化和城镇化,水资源消耗利用快速增长。1980年用水总量增至4 408亿 m³,年均增长率高达4.8%。农业用水量增长了2.5倍多,工业生产和生活用水持续增加,工业用水增至418亿 m³。②社会维:城乡生活供水普及率较低,仅达到50%左右。农村水贫困发生率较高,达到50%左右。防洪能力指数②低于12.7%。③经济维:水资源利用效率低下,1980年人均用水量为446.6 m³,万元GDP用水量高达3 158 m³。同时,水旱灾害直接经济损失占同期GDP比重高达9.4%。④生态维:自然湿地未得到有效保护。森林覆盖率较低,仅达到12%。⑤环境维:水环境污染问题日渐突出,1980年废污水排放量增至239亿 t。

(3) 第三阶段(1980—2000年):人水矛盾"成熟期",即进入工业主导的经济社会发展阶段中期,水危机严峻,人类持续破坏水生态环境,人水矛盾将达到顶峰,形成"人水互斥"。

从水治理维度的主要表现来看,①资源维:2000年用水总量增至5 566亿 m³,但年均增长率降至1.3%。农业用水量趋于稳定,年均增长率为0.2%,工业用水较快增长,增至1 121亿 m³,增长了1.45倍。②社会维:2000年尽管贫困人口大规模减少,但是农村水贫困人口规模高达4亿人,约占1/2农村总人口。防洪能力指数仅达到21%。③经济维:2000年用水效率有所提高,万元GDP用水量达到705 m³。90年代水旱灾害明显增加,1990—2000年水旱灾直

---

① 2020—2030年我国水治理的特征表现系作者根据历年资源维、社会维、经济维、生态维和环境维五个维度的变化趋势,结合国家中长期水利改革发展规划成果,并通过专家咨询予以确定。
② 防洪能力指数=高标准(防洪标准达到规划防洪标准)防洪保护区面积/防洪保护区总面积×100%。

接经济损失占同期 GDP 的比重平均为 3.3%。④生态维:2000 年水土流失治理远远赶不上破坏,水土流失面积快速增加,水土流失面积占比 38%,全国江河湖泊普遍污染,黄河常年断流。⑤环境维:2000 年大批量生产排污导致水环境急剧恶化,废污水排放量增至 620 亿 t,年均增长率达到 3.3%。工业 COD 持续增长,年均增长率达到 1.65%。

(4) 第四阶段(2000—2020 年):人水矛盾"衰退期"与人水和谐"成长期"兼并,即进入工业主导的经济社会发展阶段后期、服务业主导的经济社会发展阶段前期,人水矛盾将慢慢缓解,逐步实现局部的人水和谐。其中:

2000—2010 年:人水矛盾"衰退期",即工业占主导地位,水危机转危为安,人类开始尊重水生态环境,实现"人水互让、人水共生"。

从水治理维度的主要表现来看,①资源维:2010 年用水总量增至 6 022 亿 m^3,但年均增长率仅为 0.6%。②社会维:2010 年城乡生活供水普及率仅达到 65%,防洪能力指数提高至 40%。③经济维:2010 年用水效率持续提高,农业灌溉用水有效利用系数达到 0.5,万元 GDP 用水量为 151 m^3,万元工业增加值用水量为 105 m^3。水旱灾害直接经济损失占同期 GDP 比重降至 1.1%。④生态维:2010 年自然湿地保护率达到 42.5%,水土流失面积占比 37%,下降 1 个百分点,生态用水比例增至 2%。森林覆盖率迅速提高,达到 20.36%。⑤环境维:工业 COD 排放量达到顶峰,由 1997 年的 1 073 万 t 下降至 434.8 万 t。主要江河湖泊水功能区水质达标率达到 46%。

2011—2020 年:人水矛盾"衰退期",人水和谐"成长期",即工业主导过渡为服务业主导,人类加速修复水生态环境,实现"人水互益"。

从水治理维度的主要表现来看,①资源维:2015 年用水总量增至 6 103.2 亿 m^3,仅增长了 1.3%。严格控制地下水开采,地下水占总用水量比重降至 18.2%。②社会维:2015 年水安全保障能力显著提升。其中农村饮水安全问题基本解决,兑现了政府解决农村饮水安全问题的庄严承诺。防洪能力指数提高至 50%。③经济维:2015 年用水效率继续提高,农业灌溉用水有效利用系数达到 0.536,万元 GDP 用水量降至 90 m^3,万元工业增加值用水量降至 58 m^3。万元 GDP 工业废水排放量降至 7.5 t。水旱灾害直接经济损失占同期 GDP 比重降至 0.33%。④生态维:2015 年自然湿地保护率提高至 46.8%,水土流失面积占比降至 34%。⑤环境维:2015 年城镇污水集中处理率提高至 92%,七大水系国控断面好于Ⅲ类比例提高至 66.7%,主要江河湖泊水功能区水质达标率提高至 68%,工业废污水排放达标率提高至 98%。

2020 年,农业用水量、工业用水量、用水总量先后达到顶峰。万元工业增加值用水量比 2010 年下降 45% 以上。城乡供水保障能力显著增强,农村水贫困消除,防洪能力指数进一步提高。重要江河湖泊水功能区水质达标率升至 80%以上。

(5) 第五阶段(2020—2030 年):人水矛盾"衰退期"与人水和谐"发展期"兼并。即进入服务业主导的经济社会发展阶段中期,人类开始顺应水生态环境,人水矛盾快速消减,实现"人水共荣",不断扩大局部的人水和谐。

从水治理维度的主要表现来看,①资源维:2030 年,预计生活用水量、农业用水量、工业用水量、用水总量均达到顶峰,实现地下水资源采补平衡。②社会维:2030 年,预计水安全保障能力进一步提升。③经济维:2030 年,预计水资源利用效率显著提高,万元工业增加值用水量(以 2000 年不变价计)降至 40 m³ 以下。④生态维:2030 年,预计水生态退化态势被遏制并逐渐修复。⑤环境维:2030 年,预计水污染排放总量得到严格控制并逐步到达顶峰。主要污染物入河湖总量控制在水功能区纳污能力范围之内,水功能区水质达标率提高到 95% 以上。

(6) 第六阶段(2030—2050 年),人水和谐"成熟期",即进入服务业主导的经济社会发展阶段后期,人类反哺水生态环境,人水矛盾消除,转变为全面的人水和谐。

从水治理维度的主要表现来看,①资源维:2050 年,预计水资源消耗利用"零增长"(资源维)。②社会维:2050 年,预计水安全保障能力达到发达国家水平。③经济维:2050 年,预计水资源利用效率达到发达国家水平,水灾害损失"零增长"。④生态维:2050 年,预计水生态退化"零增长"。⑤环境维:2050 年,预计水环境污染物排放总量"零增长"。

4.3 国家水治理指数评估与预测

结合我国水治理目标,我国水治理评估本质上是对我国水治理目标的完成情况进行度量和综合评估,即确定不同时期我国水治理的资源维、社会维、经济维、生态维、环境维等五个维度的水治理指数以及不同时期我国水治理的综合指数。为此,结合资源维、社会维、经济维、生态维和环境维五个维度,系统设计水治理指数评估指标体系,见表 4.1。

表 4.1　国家水治理指数评估指标体系

水治理维度	水治理目标	水治理内容	水治理评估指标 指标名称	指标单位
资源维 C_1	水资源消耗利用"零增长",与经济发展协调	大幅减少水资源消耗利用,包括用水总量、农业用水量和工业用水量;严格控制和减少地下水超采量	用水总量弹性系数 C_{11} 农业用水量弹性系数 C_{12} 工业用水量弹性系数 C_{13} 地下水占总用水总量比重 C_{14}	— — — %
社会维 C_2	水安全保障能力显著提升	提高城乡供水保障能力;保障饮水安全;增强防洪能力	城乡生活供水普及率 C_{21} 农村水贫困发生率 C_{22} 防洪能力指数 C_{23}	% % —
经济维 C_3	水资源利用效率显著提高,水灾害损失逐渐减少至"零增长"	大幅降低水资源消耗利用强度;减少水旱灾害直接经济损失	万元工业增加值用水量 C_{31} 万元 GDP 用水量 C_{32} 灌溉水有效利用系数 C_{33} 万元 GDP 工业废水排放量 C_{34} 水旱灾害直接经济损失占同期 GDP 比重 C_{35}	m^3/万元 m^3/万元 — m^3/万元 %
生态维 C_4	水生态退化"零增长",水生态环境改善	增加生态用水;加强自然湿地保护和水土流失的综合治理;加大林业建设	河道外生态用水占用水总量比重 C_{41} 自然湿地保护率 C_{42} 水土流失面积占比 C_{43} 森林覆盖率 C_{44}	% % % %
环境维 C_5	水环境污染排放"零增长",与经济发展协调;水环境污染排放持续减少至水环境自净限度内	大幅减少水污染排放总量;提高城镇污水集中处理率和工业废污水排放达标率;提高水功能区水质达标率和省界断面水质综合达标率	COD 排放总量弹性系数 C_{51} 城镇污水集中处理率 C_{52} 主要江河湖泊水功能区水质达标率 C_{53} 工业废污水排放达标率 C_{54} 七大水系国控断面好于 III 类比例 C_{53}	— % % % %

注:农村水贫困发生率=农村水贫困人口/农村人口总数。

4.3.1　水治理指数评估

结合表 4.1 中国家水治理评估指标体系,可将国家关于指标的发展规划值或以发达国家的指标实际值作为参照值,在确定指标权重和水治理评估方法的基础上,评估我国水治理指数。因此,权重的确定是指标体系评价的关键之一。为保障每个层级中各个指标的同等重要性,指标权重确定的方法为层级等权赋权法,即针对每个层级中的各个指标进行平等赋权。同时,采用目标一致性法,度量各个指标值与其参照值的一致性程度。最终,通过指标加权求和,综合评估我国经济社会发展不同阶段水治理指数。根据水治理指数的取值区间为[0,1],可划分评价等级与标准,以确定不同阶段水治理水平的高低。为此,将水治理水平按照非常好、较好、适中、较差、非常差五个等级进行划分,对应的水治理指数的区间范围分别为[0.9,1]、[0.8,0.9]、[0.6,0.8]、[0.3,0.6]、[0,0.3]。经测算,1980—2015年我国水治理指数见表4.2。

表 4.2 1980—2015 年我国水治理指数

维度	资源维 C_1					社会维 C_2			
	C_{11}	C_{12}	C_{13}	C_{14}	指数	C_{21}	C_{22}	C_{23}	指数
1980 年	0.4	0.3	2	14.6	0.250	52	>47	<12.7	<0.226
2000 年	0.33	0.02	2.3	19.3	0.194	56	47	21	0.274
2010 年	0.04	0.02	0.07	18.4	0.204	65	44	40	0.383
2015 年	0.03	0.1	−0.17	18.2	0.456	80	0	50	0.808
参照值	≤0	≤0	≤0	≤15	1	100	0	≥80	1

维度	经济维 C_3						生态维 C_4				
	C_{31}	C_{32}	C_{33}	C_{34}	C_{35}	指数	C_{41}	C_{42}	C_{43}	C_{44}	指数
1980 年	906	3 158	0.3	79.6	9.4	0.113	0	0	16.7	12	0.310
2000 年	251	610	0.43	22	3.3	0.247	0	42	38	16.55	0.327
2010 年	105	150	0.5	5.7	1.1	0.584	2	42.5	37	20.36	0.409
2015 年	58	90	0.536	3	0.53	0.895	2	46.8	34	21.66	0.437
参照值	≤50	≤100	0.8	4	0.5	1	10	≥95	≤15	35	1

维度	环境维 C_5						综合指数
	C_{51}	C_{52}	C_{53}	C_{54}	C_{55}	指数	
1980 年	>0	10	<50	26	<50	<0.277	<0.235
2000 年	0.38	32.5	40.8	82	35	0.385	0.286
2010 年	<0	82.5	46	95.3	55	0.762	0.468
2015 年	<0	92	68	98	66.7	0.857	0.691
参照值	≤0	100	≥95	100	100	1	1

注:①水治理指数评估指标数据根据历年《中国水利年鉴》《中国环境年鉴》《中国统计年鉴》《新中国六十年统计资料汇编》等资料换算得到(由于资料收集不全面,重点评估1980—2015年)。②指标计算方法:正向指标指数=现状值/目标参照值;逆向指标指数=目标参照值/现状值;综合指数为各单项评价指标的指数加权之和除以指标总个数,各级指标的权重层级按等权赋权法予以确定。③参照值为国家关于指标的发展规划值或发达国家的指标实际值。

根据表4.2可知,1980—2015年,我国水治理指数从不足0.235提升至0.691,我国水治理水平提升了近2倍。其中2010—2015年提升较为明显,达到50%左右。按照图4.2,可根据经济社会发展不同阶段,从资源维、社会维、经济维、生态维和环境维五个维度,分析我国水治理指数的变化趋势:

1980年,我国水治理水平非常差,低于0.25。从五个维度的对比来看,五个维度的指数均处于较低水平,其中经济维指数最低,仅达到0.113,说明水资源利用效率极低。五个维度中生态维指数最高,为0.310,说明水生态已严重恶化,未得到合理保护。1980—2000年,我国水治理指数略有上升,达到0.286,但未超过0.30,我国水治理水平仍非常差。从五个维度的对比来看,其中资源维指数下降,社会维指数变化不明显,说明水安全保障能力未得到明显改善;经济维指数上升,说明水资源利用效率提升,但用水量处于快速增长阶段;生态维指数变化不明显,说明水生态状况未得到明显改善,且水土流失面积不断扩大;环境维指数提升了50%左右,说明废污水处理率和水质达标率得到提升。总体来说,尽管该阶段人类持续破坏水生态环境,但已进入人水矛盾"成熟期"。

2000—2010年,我国水治理指数提升了近64%,达到0.468,我国水治理水平已从非常差过渡到较差。从五个维度的对比来看,经济维指数提升最快,增长超过1倍,主要在于水资源利用效率和水污染排放绩效得到快速提升,即万元GDP用水量、万元GDP工业废水排放量快速下降;环境维指数提升了近1倍,主要在于COD排放量得到有效控制、污水处理率快速提高;社会维指数和生态维指数分别提升了40%和25%,生态用水占用水总量比重和森林覆盖率明显增加;资源维指数略有提升,用水总量和工业用水量的增速减缓,地下水占比略有下降。总体来说,该阶段已进入人水矛盾"衰退期",人类开始尊重水生态环境。

2010—2015年,通过实施最严格水资源管理制度,我国水治理指数快速提升,已接近0.70,我国水治理水平提升到适中水平。其中工业用水得到有效控制;社会维指数上升了1倍,经济维指数上升了50%,说明水资源利用效率进一步提高、水安全保障能力显著提升;但生态维指数和环境维指数上升幅度均较小,且资源维指数和生态维指数仍低于0.5,说明严控用水、水生态修复和水环境保护工作仍将成为我国未来水治理的重中之重。总体来看,该阶段已进入人水和谐"成长期",人类加速修复水生态环境。

4.3.2 水治理展望

依据表4.2,根据《中华人民共和国国民经济和社会发展第十三个五年规划纲要》《水利改革发展"十三五"规划》《"十三五"生态环境保护规划》《"十三五"水资源消耗总量和强度双控行动方案》《全国森林经营规划(2016—2050年)》《"十三五"全国城镇污水处理及再生利用设施建设规划》《工业绿色发展规划(2016—2020年)》《节水型社会建设"十三五"规划》等报告,估算2020年我国水治理指数,前瞻性谋划2030—2050年水治理战略布局,预测2030年和2050年我国水治理指数,见表4.3。

表4.3　2015—2050年我国水治理指数

维度	资源维 C_1					社会维 C_2			
	C_{11}	C_{12}	C_{13}	C_{14}	指数	C_{21}	C_{22}	C_{23}	指数
2015年	0.03	0.1	−0.17	18.2	0.456	80	0	50	0.808
2020年	0.01	≤0	≤0	15	1	95	0	60	0.900
2030年	≤0	≤0	≤0	<15	1	100	0	80	1
2050年	≤0	≤0	≤0	<15	1	100	0	>80	1
参照值	≤0	≤0	≤0	<=15	1	100	0	≥80	1

维度	经济维 C_3						生态维 C_4				
	C_{31}	C_{32}	C_{33}	C_{34}	C_{35}	指数	C_{41}	C_{42}	C_{43}	C_{44}	指数
2015年	58	90	0.536	3	0.53	0.895	2	46.8	34	21.66	0.437
2020年	46.4	69.3	0.55	<3	0.7	0.880	5	70	31	23.04	0.594
2030年	50	<70	0.6	<3	0.5	0.950	8	90	25	30	0.801
2050年	<50	<70	0.8	<3	0.5	1	10	100	15	35	1
参照值	≤50	≤100	0.8	4	0.5	1	10	≥95	≤15	35	1

维度	环境维 C_5						综合指数
	C_{51}	C_{52}	C_{53}	C_{54}	C_{55}	指数	
2015年	<0	92	68	98	66.7	0.857	0.691
2020年	≤0	100	>80	100	>70	0.908	>0.857
2030年	≤0	100	95	100	95	0.990	0.948
2050年	≤0	100	100	100	100	1	1
参照值	≤0	100	≥95	100	100	1	1

注:①2020年水治理指数系作者根据《水利改革发展"十三五"规划》《"十三五"生态环境保护规划》《"十三五"水资源消耗总量和强度双控行动方案》《全国森林经营规划(2016—2050年)》《"十三五"全国城镇污水处理及再生利用设施建设规划》《工业绿色发展规划(2016—2020年)》《节水型社会建设"十三五"规划》等报告估算得到。②2020—2050年水治理指数系作者根据国家中长期发展规划,并通过专家咨询予以估算得到。③由于参照值为国家关于指标的发展规划值或发达国家的指标实际值,经专家咨询,2050年目标预期将顺利达成,即2050年的指标值等于或超过其参照值,水治理指数将达到1。

根据表 4.3 可知,2020 年,我国水治理指数超过 0.8,提高至 0.857 以上,我国水治理水平从适中水平过渡到较好水平。其中资源维指数、社会维指数和环境维指数均达到或超过 0.9,用水总量得到有效控制,水安全保障能力得到进一步提升。预计 2030 年,我国水治理指数将大幅度提高,接近 0.95,我国水治理水平将从较好水平过渡到非常好水平。从各个维度指数来看,在 2020 年水治理基础上,2030 年经济维指数也超过 0.9,水资源利用效率得到显著提升。2050 年,我国水治理指数达到 1,从各个维度指数来看,在 2030 年水治理基础上,水生态修复能力显著提升。因此,2030—2050 年,我国将进入人水和谐"成熟期",水资源消耗利用总量、水灾害损失、水生态退化面积、水环境污染排放总量均实现"零增长",实现从局部的人水和谐转变为全面的人水和谐。

4.4 结语

新中国成立以来,党和国家始终高度重视治水实践工作,通过坚持民生优先、统筹兼顾、人水和谐、政府主导和改革创新"五大原则",努力走出了一条中国特色的新型治水道路。党的十八届五中全会提出了"创新、协调、绿色、开放、共享"五大发展理念。十九大报告进一步提出了新时代中国特色社会主义思想和基本方略,强调坚持新发展理念和坚持人与自然和谐共生。为实现两个"一百年"奋斗目标,制定了两个"新阶段"的发展思路,并作出了树立和践行"绿水青山就是金山银山"的理念、坚持节约资源和保护环境的基本国策、统筹山水林田湖草系统治理、实行最严格的生态环境保护制度等政治承诺。同时,重点明确了加强水利基础设施网络建设,实施国家节水行动,加快水污染防治,推进荒漠化、石漠化、水土流失综合治理,强化湿地保护和恢复等行动方案。未来,我国水治理战略布局的制定与实施需要深化水利改革和推进水治理体系与治理能力现代化,加快经济和社会发展方式的转变,实现水资源消耗利用总量、水环境污染排放总量、水生态退化、水灾害损失"零增长",消除人水矛盾,实现人水和谐。

2020 年,国家水治理指数超过 0.85,实现水资源消耗利用与经济发展协调。预计 2030 年,国家水治理指数将接近 0.95,实现水环境污染排放与经济发展协调,水安全保障能力显著提升;2050 年,国家水治理指数达到最优值 1。十九大报告作出的政治承诺和制定的行动方案将促使中国有望在 2030 年甚至更早基本实现人水和谐。为此,从我国水治理指数评估与预测结果来看,一方面,国家必须高度重视水安全,建立健全水治理体制机制;另一方面,国家必须不断强化治水的物质资本、人力资本、技术资本的有效投入。由于仅从国家层面完成了我国水治理指数的总体评估,而我国地区间发展不平衡不充分,各地区的区情、水情和经济社会发展变化态势存在较大差异,因此,针对我国各地区的水治理情况,必须结合具体的区情和水情,对地区进行水治理评估,因地制宜提出水治理政策。

参考文献

[1] US Department Of Agriculture. A History of Federal Water Resources Programs,1800-1960[M]. Washington D. C. :US Dept. of Agriculture,1972.

[2] Nelson Manfred Blake. Land Into Water — Water Into Land: A History of Water Management in Florida[M]. University Presses of Florida,1980.

[3] M C Meyer. Water in the Hispanic Southwest: A Social and Legal History,1550-1850[M]. The University of Arizona Press Tucson,1984.

[4] Ira G Clark. Water in New Mexico: A History of Its Management and Use[M]. UNM Press,1987.

[5] Van de Ven G P. Man-made lowlands: History of Water Management and Land Reclamation in the Netherlands[M]. Uitgeverij Matrijs,1993.

[6] John Hassan. A History of Water in modern England and Wales[M]. Manchester University Press,1998.

[7] Ismail Serageldin. Toward Sustainable Management of Water Resources[M]. Bethesda, Maryland :Congressional Information Service, Inc. ,1996.

[8] Sylvain R Perret. Water Policies and Smallholding Irrigation Schemes in South Africa: a History and New Institutional challenges[J]. Water Policy,2002,4(3):283-300.

[9] Peter H Gleick. The changing water paradigm: A Look at Twenty-first Century Water Resources Development[J]. Water International,2000,25(1):127-138.

[10] Thomas V Cech. Principles of Water Resources: History, Development, Management, and Policy[M]. John Wiley & Sons,2005.

[11] Douglas M Stinnettm, Jaroslav Tir. The Institutionalization of River Treaties[J]. International Negotiation,2009,14(2):229-251.

[12] Michael Reinhardt. Identitat and Zukunft des Wasserrechts als Bestandteil eines Umweltgesetzbuchs[J]. Zeitschrift fur Umweltrecht,2008(7-8):352-357.

[13] Michael Reinhardt. Inventor der Wasserrahmenrichtlinie—Die rechtliche Fortentwicklung der europaischen Gewasserschutzpolitik im Streit um Fristen, Ziele und Deutungshoheiten[J]. Natur and Recht,2013:765.

[14] 杨选.国内外典型水治理模式及对武汉水治理的借鉴[J].长江流域资源与环境,2007,16(5):584-587.

[15] 沈百鑫.比较法视野下的我国可持续水治理(上)——对水和水情的法律理解[J].水利经济,2012,30(5):38-42+77.

[16] 沈百鑫.比较法视野下的我国可持续水治理(下)——法规中的水治理和可持续水利[J].水利经济,2012,30(6):26-31+42+70.

[17] 沈百鑫,郑丙辉,王宏洋,等.德国水治理的基本理念和《水平衡管理法》总则规定研究[J].环境保护,2016,44(12):65-70.

[18] 高龙,乔根平.瑞典的水治理目标体系和政策及其对我国的启示[J].中国水利,2016(17):52-56.

[19] 吴舜泽,姚瑞华,赵越,等.国际水治理的机制体制经验及对我国启示[J].环境保护,2015,43(22):66-68.

[20] 《完善水治理体制研究》课题组.国外流域管理在水治理体制中的地位和作用[J].水利发展研究,2015(8):23-26.

[21] 《完善水治理体制研究》课题组.水治理及水治理体制的内涵和范畴[J].水利发展研究,2015(8):1-4.

[22] 黄秋洪,刘同良,李虹.创新以流域机构为核心的水治理体制[J].新视野,2016(1):101-105.

[23] 《完善水治理体制研究》课题组.我国水治理及水治理体制的历史演变及经验[J].水利发展研究,2015(8):5-8.

[24] 王亚华,黄译萱.中国水利现代化进程的评价和展望[J].中国人口·资源与环境,2012,22(6):120-127.

[25] 王亚华,黄译萱,唐啸.中国水利发展阶段划分:理论框架与评判[J].自然资源学报,2013,28(6):922-930.

[26] 刘洪超,杨路华,陈凯,等.我国农村水利现代化评价指标体系与评价模型[J].水利经济,2015,33(4):15-18+23+77.

[27] 黄显峰,刘展志,方国华.基于云模型的水利现代化评价方法与应用[J].水利水电科技进展,2017,37(6):54-61.

[28] 吴丹,王士东,马超.我国水利发展历程演变及评价[J].水利水电科技进展,2015,35(6):7-12+19.

[29] 吴丹.中国水利绿色现代化发展进程评价与战略构想[J].中国人口·资源与环境,2015,25(9):114-123.

[30] 吴丹.流域水利发展水平评价方法研究——以淮河流域为例[J].资源科学,2016,38(7):1323-1335.

[31] 《完善水治理体制研究》课题组.我国水治理及水治理体制现状分析[J].水利发展研究,2015(8):9-12.

[32] 胡鞍钢,王亚华.如何看待黄河断流与流域水治理——黄河水利委员会调研报告[J].管理世界,2002(6):29-34+45.

[33] 王亚华,胡鞍钢.黄河流域水资源治理模式应从控制向良治转变[J].人民黄河,2002,24(1):23-25.
[34] 王亚华.水治理如何"两手发力"[J].中国水利,2014(10):4-6.
[35] 吴舜泽,姚瑞华,赵越.科学把握水治理新形势 完善治水机制体制[J].环境保护,2015,43(10):12-15.
[36] 阮本清,梁瑞驹,王浩,等.流域水资源管理[M].北京:科学出版社,2001.
[37] 游进军,贾玲,汪林,等.基于水资源多维属性的总量控制浅析[J].南水北调与水利科技,2012,10(3):48-52.

第五章
国家教育现代化的发展模式与进程评价研究

教育是民生之本,是最大的民生工程。教育现代化是国家现代化的先导,教育现代化对于加快实现国家现代化具有重要的支撑作用。《国家中长期教育改革和发展规划纲要(2010—2020年)》和《中华人民共和国国民经济和社会发展第十三个五年规划纲要》等均提出要加快推进教育现代化,明确了教育现代化的阶段性目标。党的十九大报告强调要加快教育现代化,开启了教育现代化的历史新征程,彰显了教育现代化的时代精神和本质特征。《中国教育现代化2035》明确提出我国教育现代化2020年及2035年两个时间节点的目标,勾画了我国教育现代化未来发展图景。通过研究构建教育现代化评价指标体系,能为客观评价国家教育现代化水平提供科学合理的测评工具模型、方法和量化标准。参考国内外现有文献,全面梳理教育现代化评价体系研究成果。在此基础上,首先,探讨教育现代化的发展模式,剖析教育现代化进程的主要特征演变。其次,从教育发展水平、教育条件保障、教育师资队伍建设等方面,系统设计教育现代化评价指标体系,评价教育现代化的综合实现程度。

5.1 引言

教育是民生之基,是持续提高人力资本水平的根本途径、促进国民经济和社会发展的重要保障。《国家中长期教育改革和发展规划纲要(2010—2020年)》明确了2020年主要教育指标达到世界中等发达国家水平的战略目标,对基本实现教育现代化进行了全面规划和战略部署,国民经济和社会发展"十三五"规划明确了"十三五"时期劳动年龄人口受教育年限明显增加。2019年,中共中央、国务院接连印发了《加快推进教育现代化实施方案(2018—2022年)》《中国教育现代化2035》两个指导未来中国教育发展的纲领性文件。《中国教育现代化2035》明确提出了2020年和2035年两个时间节点的教育现代化目标。即"推进

第五章　国家教育现代化的发展模式与进程评价研究

教育现代化的总体目标是：到2020年，全面实现'十三五'发展目标，教育总体实力和国际影响力显著增强，劳动年龄人口平均受教育年限明显增加，教育现代化取得重要进展，为全面建成小康社会作出重要贡献。在此基础上，再经过15年努力，到2035年，总体实现教育现代化，迈入教育强国行列，推动我国成为学习大国、人力资源强国和人才强国，为到本世纪中叶建成富强、民主、文明、和谐、美丽的社会主义现代化强国奠定坚实基础"。这些政策举措为实现国家现代化提供了有力支撑。研究探讨教育现代化的发展模式，综合评价教育现代化进程，对于建立健全教育发展体制机制、加快实现教育现代化具有重要的理论和实践意义，已成为中国教育界和学术界关注的热点问题。

世界经济合作与发展组织、联合国教科文组织、世界银行先后制定了评价教育现代化的指标分类标准和指标体系，并成为各国评价教育现代化的重要参考。其中，世界经济合作与发展组织先后于1997年、2000年和2003年提出了三套评价体系[1]，不断丰富教育现代化内涵、完善教育现代化评价体系，为监测教育现代化过程、制定教育政策服务提供了重要支撑；联合国教科文组织制定的教育现代化评价指标[2]，重在考察教育对社会、政治、经济、文化、人口的影响效果；世界银行于20世纪80年代开始每年发表一期《世界发展指标（报告）》，将教育现代化作为重要内容之一，重点体现教育投入产出的效率[3]。

中国教育界和学术界众多学者于20世纪80年代中期开始，对教育现代化理论与实践展开了深入研究，并取得了丰硕成果。针对教育现代化理论研究，教育现代化的核心是建立健全现代教育体系，包括教育现代化框架体系和教育现代化评价体系。教育现代化框架体系具体涉及教育观念现代化、教育内容和教师队伍现代化、教育技术现代化、教育管理现代化等内容[4-8]；教育现代化评价体系不仅包括国家和省区层面的评价体系，同时包括高等教育、基础教育、职业教育等各级各类教育的评价体系。重点强调将教育现代化目标、指标体系和衡量标准作为核心研究领域，并与教育实践、教育工作紧密结合[9-12]。如学者谈松华等[9]以邓小平同志于20世纪80年代提出的中国现代化"三步走"战略构想为基础，设计了初级、中级、高级三个不同发展阶段的教育现代化衡量标准；李健宁等[10]把教育质量和教育公平作为评价重点，结合"压力-状态-响应"框架模型，构建了教育现代化指标体系框架与政策工具矩阵；董炎等[11]将教育现代化监测和评价聚焦在教育理念、体系建设、投入保障、管理制度、教育普及、教育质量、教育公平及服务贡献等八个方面，对教育现代化评价指标体系进行顶层设计；张莉[12]提出了教育现代化指标体系的量化标准。

针对教育现代化实践探索，众多学者对中国教育现代化历程进行了回顾，分析其过程特征,并进行不同程度的评述[13-18]。如田正平等[14]深入剖析了教育制度的结构性变迁,探讨了教育制度创新与改革开放以来中国教育现代化的动力机制;谈松华[15]对中国不同地区教育现代化的区域特征和实现条件、区域协调发展战略和区域教育现代化的推进策略做了剖析,并结合中国 31 个省区的教育发展水平,明确了各区域教育现代化进程;胡鞍钢等[17-18]对"十二五"时期教育发展进行了中期评估,分析了"十三五"时期教育发展总体目标与主要任务,展望了 2015—2030 年教育现代化进程。此外,国家教育发展研究中心于 2014 年发布了《全国 15 个副省级城市教育现代化水平监测评价与比较研究报告(2014)》[19],结合教育发展指数、教育公平指数、教育条件保障指数、教育治理现代化指数等方面,测评了 15 个副省级城市的教育现代化水平,为国家和 15 个副省级城市设计教育现代化制度提供了决策参考。

根据教育现代化理论研究和实践探索的成果,15 岁以上人口的识字率、平均预期受教育年限、中等教育的毛入学率、高等教育的毛入学率、每万人口在校大学生人数、公共教育经费占 GDP 的比例、人均公共教育经费等 7 项定量指标成为衡量教育现代化实现程度的重要指标。教育现代化评价的核心研究领域集中在教育普及、教育公平、教育质量、教育保障等方面。但是,国内学者关于教育现代化评价体系的设计,无法在国家现代化总体发展基础上认识教育现代化的本质,仍缺乏统领整个指标体系的概念框架。为此,围绕推进国家教育现代化的战略目标,系统设计教育现代化发展的概念框架体系,研究探讨教育现代化的发展模式,全面梳理教育现代化演变进程的主要特征变化。并从教育发展水平、教育条件保障、教育师资队伍建设等方面,系统设计教育现代化评价指标体系,综合评价教育现代化的实现程度。

5.2 国家教育现代化发展模式

教育通常划分为小学教育、中学教育(包括初中教育和高中教育)和高等教育三个等级,教育现代化是与世界现代教育发展相适应、从低级向高级转变的动态发展过程,强调综合、整体、系统地考虑教育、经济、社会等方面相互关联的协调发展。教育现代化本质上就是三级教育入学率不断提升的过程。其目标是直接推动国家人力资源开发水平的升级,为国家实现现代化奠定人力资本基础。

教育现代化主要经历五个阶段:初级教育时期、初等教育快速普及时期、中等教育快速普及时期、高等教育快速普及时期和高等教育成熟普及时期。其中:①初级教育时期表现为三级教育入学率都很低;②小学教育快速普及时期表现为小学教育入学率迅速上升,中学教育入学率缓慢上升,高等教育入学率仍偏低;③中学教育快速普及时期表现为小学教育基本普及,中学教育入学率迅速上升,高等教育入学率缓慢上升,但普及率不高;④高等教育快速普及时期表现为小学教育和初中教育已经普及,高中教育处于基本普及阶段,同时,高等教育入学率迅速上升;⑤高等教育成熟普及时期表现为小学教育和中学教育普及,高等教育也处于稳定的较高水平。

目前,中国教育现代化进程已经经历了三个阶段,其主要特征表现为:

(1) 初级教育时期(1949—1952年),经济发展以农业产业为主,开始发动工业化,人民生活收入处于极低阶段,教育发展水平比较低,教育需求水平和支付能力均较低。

1937年我国高等教育在校生有3.1万人,1949年达到了11.7万人;1949年中等教育在校生达到126.8万人,相当于总人口的2.3‰;小学实际入学率不到20%。1949年中国文盲、半文盲的人口占全国5.5亿总人口的比重高达80%。[1] 劳动年龄人口平均受教育年限仅为1年,相当于世界平均水平的1/3~1/2,明显低于世界平均水平。1950年中国的劳动年龄人口平均受教育年限仅有1.6年,而英国和美国的劳动年龄人口平均受教育年限已达10.6年和11.27年,英国和美国分别相当于中国的6.6倍和7倍。[2]

(2) 小学教育快速普及时期(1952—1980年),经济发展进入工业化开始加速时期,工业比重提高,人民生活收入水平低,教育发展水平进一步提高。

至1978年,中国基本建立了门类齐全的教育体系。一方面,基本普及小学教育,1952—1978年,中国的学龄儿童入学率由49.20%上升为95.90%。另一方面,扫除了大部分文盲、半文盲人口,迅速降低了文盲率,1964年文盲人口减少至2.33亿人,到1982年文盲人口变化不大,为2.30亿人;成人文盲率由1949年的80%迅速降为1964年的33.5%,1982年进一步降为22.81%,是世界上文盲率减少最快的国家之一。与此同时,劳动年龄人口平均受教育年限明显提高,1960年、1970年、1980年分别提高至2.0年、3.2年、5.33年。

此外,高等教育波动式发展。1949—1959年是中国高等教育发展的第一个黄金时期,1959年大学在校生数上升至近100万人;1960—1963年因"大跃进"

---

[1] 李宇明:《知识关乎国运》,《光明日报》2009年10月1日,http://www.gmw.cn/01gmrb/2009-10/01/content_990236.htm.
[2] 根据麦迪森的方法,小学教育的权重为1,中学教育的权重为1.4,高等教育的权重为2。根据他的计算,1950年中国15~64岁人口的平均受教育年限是1.60年。美国、法国、德国、日本的人均受教育年限分别是11.27年、9.58年、10.40年、9.11年。Angus Maddison, "Chinese Economic Performance in the Long Run," 960-2030 AD, Second Edition, Paris, OECD, 2007.

失败,国民经济大调整停滞,大学生在校生数大幅度下降。在"文化大革命"期间,1966—1969年,高等学校停止招生,大学在校生数出现了锐减,减至1970年的4.8万人左右。1970年之后毛泽东同志提出"工农兵学员上大学",部分高校开始以"群众推荐、领导批准和学校复审"的方式,从有实践经验的工农兵及下乡知青中招生。但是至1976年,大学在校生数也未达到1959年的学生数。到1978年,普通高校在校生为85.6万人。

(3) 中学教育快速普及时期(1980—2020年),经济持续快速发展,人民生活水平显著提高,教育需求水平和支付能力显著增强。其中,1980—2000年为中学教育快速普及前期,2000—2020年为中学教育快速普及中后期。

① 中学教育快速普及前期(1980—2000年),经济发展仍处于工业化加速期,人民生活水平开始进入下中等收入阶段,教育需求水平和支付能力进一步增强。

20世纪80年代,中国政府提出迅速推进"普及九年义务教育"。1980—2000年,党中央、国务院先后于1985年、1994年、1999年召开全国教育工作会议,稳步推进教育体制改革。从小学教育和中学教育发展来看,小学学龄儿童净入学率从1978年的95.5%提高至2000年的99.1%;初中毛入学率由1990年的66.7%提升到2000年突破88.6%。这表明,到2000年,中国如期实现了基本普及九年义务教育和基本扫除青壮年文盲的目标,普及九年义务教育人口覆盖率达到85%,青壮年文盲率下降到5%以下,青壮年文盲人口比1990年减少了4 100万人。① 高中毛入学率由1990年的21.9%上升到2000年突破42.8%。② 1990—2000年中国受高中教育程度人口从9 147万人提升至1.407亿人,增长了53%。

从高等教育发展看,普通高校在校生从1978年的85.6万人,上升至2000年的556万人,相当于1978年的6.5倍,年均增长率为8.9%。与此同时,高等教育毛入学率从1978年的不足1%提高到2000年的12.5%。③ 此外,1990—2000年中国大专及以上教育程度人口从1 600万人提升至4 563万人,增长了1.85倍。1980年之后,中国劳动年龄人口平均受教育年限超过了世界平均水平,高于发展中国家平均水平,1990年达到了6.43年,到2000年、2010年分别提高至7.85年、9.9年。

② 中学教育快速普及中后期(2000—2020年),经济发展进入成熟工业化

---

① 陈至立:《切实落实教育优先发展战略地位》,载《十六大报告辅导读本》,人民出版社,2002,第321-322页。
② 国家统计局编:《中国统计摘要(2009)》,中国统计出版社,2009,第185页,第190页。
③ 同上书,第190页。

时期,服务业比重开始提高,人民生活进入下中等收入向上中等收入水平过渡期,教育需求水平和支付能力显著提高。

2006年修订后的《中华人民共和国义务教育法》出台,义务教育回归免费。中国学前毛入学率迅速提高,2014年达到70.5%。2015年达到75%,接近《国家中长期教育改革和发展规划纲要(2010—2020年)》(下文简称《纲要》)提出的2020年预期目标(80%)。"十二五"期末,小学学龄儿童净入学率提升至99.88%。

2010年,中学教育毛入学率为81%,处于发展中国家前列。中国受高中教育程度人口增至1.88亿。"十二五"期末,中国初中阶段毛入学率提升至104%,高中阶段毛入学率提升至87%,完成"十二五"规划目标(87%)。此外,国家"十二五"规划将"九年义务教育巩固率"作为新增的一项重要指标,用以衡量中国教育发展水平。2015年,九年义务教育巩固率已达到93%,完成"十二五"规划目标(93%),接近《纲要》提出的2020年预期目标(95%)。

2015年,中国劳动年龄人口平均受教育年限从2010年的9.9年增至10.23年。中国大专以上教育程度人口达到17 093万人,高等教育在校生已达到3 647万人,超过《纲要》提出的2020年预期目标(3 300万人)。从高等教育毛入学率来看,中国2010年达到26.5%,2013年提高到34.5%,2015年进一步提高到40%,已超过"十二五"规划目标(36%),接近2020年国家中长期教育规划的目标值50%。

2020年,中国劳动年龄人口平均受教育年限提高至10.8年,文盲率由2010年的4.08%降至2.67%,九年义务教育巩固率达到95.2%,比"十三五"规划目标高出0.2个百分点。高中阶段毛入学率提高至91.2%,高等教育毛入学率提高至54.4%,比"十三五"规划目标高出4.4个百分点,普通本科毕业生累计10 501万人,研究生毕业累计569万人,合计10 070万人,连续实现了从精英教育(不足15%)到大众教育(大于15%),再到普及教育(大于50%)的两次大跨越,有力推动了中国从人力资源大国向人力资源强国迈进,人力资源成为经济社会发展的第一资源。

5.3 国家教育现代化进程评价

结合教育现代化发展模式,参考发达国家和我国部分发达省区教育现代化的实践探索与经验,从教育发展水平、教育条件保障、教育师资队伍建设等方面,结合小学教育、中学教育和高等教育三个层次,构建教育现代化进程评价的核心指标体系,见表5.1。

表 5.1 教育现代化进程评价的核心指标体系

一级指标	二级指标	三级指标
教育发展水平	教育普及	学前三年教育毛入园率(%) 小学教育净入学率(%) 初中教育毛入学率(%) 高中教育毛入学率(%) 高等教育毛入学率(%) 高等教育在校生人数(万人) 劳动年龄人口平均受教育年限(年)
	教育完成巩固	小学教育毕业生升学率(%) 初中教育毕业生升学率(%) 高中教育毕业生升学率(%) 九年义务教育巩固率(%)
教育条件保障	教育经费投入	教育经费占 GDP 的比例(%) 国家财政性教育经费占 GDP 的比例(%) 公共财政教育支出占财政支出的比例(%)
	教育信息化	小学教育设施设备配备达标的学校比例(%) 初中教育设施设备配备达标的学校比例(%) 高中教育设施设备配备达标的学校比例(%)
教育师资队伍建设	教育师资投入	小学教育生师比 初中教育生师比 高中教育生师比 高等教育生师比
	教师学历	小学教育专任教师学历合格率(%) 初中教育专任教师学历合格率(%) 高中教育专任教师学历合格率(%)

结合表 5.1 中教育现代化进程评价的核心指标体系,采用层次等比例赋权法和目标一致性法,评价 2000—2015 年教育发展水平、教育条件保障、教育师资队伍建设的实现程度。在此基础上,综合评价 2000—2015 年基本实现教育现代化的程度。各指标的参照值可根据中国教育发展现状、《纲要》、"十三五"规划的指标目标值进行设定。针对《纲要》和"十三五"规划中没有给出的指标的现代化目标值,可将发达国家教育发展平均水平数据作为指标的参照值,其中发达国家平均水平数据来自经济合作与发展组织(OECD)2010 年对主要发达国家的教育测评结果。2000—2015 年基本实现教育现代化的评价指标参数值见表 5.2。

表 5.2　2000—2015 年基本实现教育现代化的评价指标参数值

一级指标	二级指标	三级指标	2000 年	2005 年	2010 年	2015 年	参考值
教育发展水平	教育普及	学前三年教育毛入园率(%)	36.4	41.4	56.6	75	80
		小学教育净入学率(%)	99.1	99.2	99.7	99.88	100
		初中教育毛入学率(%)	88.6	95	100.1	104	104
		高中教育毛入学率(%)	42.8	52.7	82.5	87	90
		高等教育毛入学率(%)	12.5	21	26.5	40	50
		高等教育在校生人数(万人)	910	1 998	2 768	3 647	3 300
		劳动年龄人口平均受教育年限(年)	7.85	8.5	9.9	10.23	10.8
	教育完成巩固	小学教育毕业生升学率(%)	94.9	98.4	98.7	98	100
		初中教育毕业生升学率(%)	51.2	69.7	87.5	94.1	100
		高中教育毕业生升学率(%)	73.2	76.3	83.3	90.2	100
		九年义务教育巩固率(%)	79.7	84.7	89.7	93	95
教育条件保障	教育经费投入	教育经费占 GDP 的比例(%)	4.31	4.60	4.88	5.27	7
		国家财政性教育经费占 GDP 的比例(%)	2.87	2.82	3.66	4.26	4.5
		公共财政教育支出占财政支出的比例(%)	13.8	14.58	15.76	14.7	16.32
	教育信息化	小学教育设施设备配备达标的学校比例(%)	39.93	39.91	47.64	64.5	100
		初中教育设施设备配备达标的学校比例(%)	69.65	55.2	61.67	78.7	100
		高中教育设施设备配备达标的学校比例(%)	60.27	70.05	76.95	87.1	100
教育师资队伍建设	教育师资投入	小学教育生师比	22.21	19.43	17.7	17.05	16.76
		初中教育生师比	19.03	17.8	14.98	12.41	12.41
		高中教育生师比	15.87	18.54	15.99	14.01	14.01
		高等教育生师比	16.3	16.85	17.33	17.73	16
	教师学历	小学教育专任教师学历合格率(%)	96.9	98.62	99.52	99.9	100
		初中教育专任教师学历合格率(%)	87	95.22	98.65	99.7	100
		高中教育专任教师学历合格率(%)	68.43	83.46	94.81	97.7	100

2000—2015 年基本实现教育现代化的综合实现程度的计算结果见图 5.1 和表 5.3。

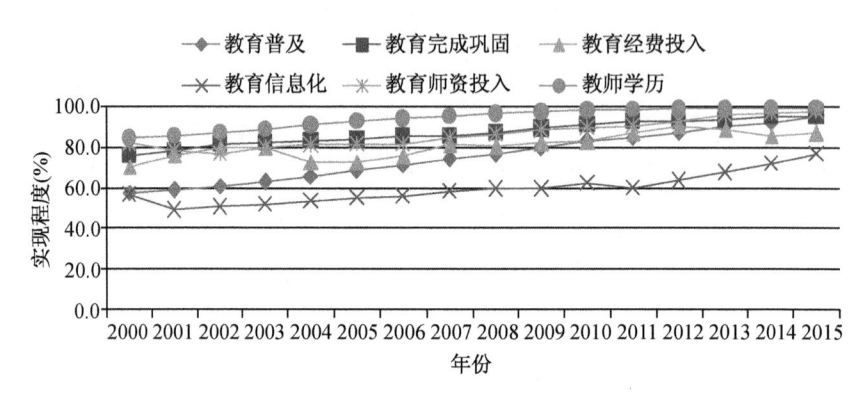

图 5.1 教育现代化进程评价的指标实现程度(2000—2015 年)

表 5.3 基本实现教育现代化的综合实现程度(2000—2015 年) 单位:%

年份	2000	2005	2008	2010	2015
教育发展水平	66.5	75.7	81.5	86.8	95.0
教育条件保障	63.3	63.8	69.7	72.3	81.7
教育师资队伍建设	82.9	87.0	91.2	93.5	98.1
综合实现程度	70.9	75.5	80.8	84.2	91.6

根据图 5.1 和表 5.3 的评价结果可看出,2000 年以来,教育发展水平、教育条件保障、教育师资队伍建设都有了极大的提升。2000—2008 年,中国基本实现教育现代化的综合实现程度从 70.9% 提高至 80.8%,上升了近 10 个百分点。其中教育发展水平的实现程度增长最快,从 66.5% 上升至 81.5%,上升了 15 个百分点;其次是教育条件保障的实现程度,从 63.3% 提高至 69.7%,上升了 6.4 个百分点。2008—2015 年,基本实现教育现代化的综合实现程度进一步提高到 91.6%。其中教育师资队伍建设实现程度最高,2015 年已达到 98.1%。教育发展水平的实现程度增长最快,从 81.5% 上升至 95.0%;其次是教育条件保障的实现程度,从 69.7% 提高至 81.7%。

整体来看,2000—2015 年,教育现代化进程取得了显著成效。但是,从局部来看,基本实现教育现代化的教育条件保障仍有待完善,不仅要提高教育经费投入,在教育信息化方面更需要加强改进。此外,教育质量需要进一步提高,中国教育发展的大而不强的格局仍未根本改变,教育发展不均衡仍是推进教育现代化的严重障碍,必须加快教育发展体制机制改革,破除制约教育现代化发展的体制机制障碍,改变现有的教育发展格局,保障教育公平、均衡发展。

5.4 展望

《国家中长期教育改革和发展规划纲要(2010—2020年)》明确提出了教育改革和发展的20字工作方针,即"优先发展、育人为本、改革创新、促进公平、提高质量"。中国国民经济和社会发展"十四五"规划描绘了教育蓝图:建设高质量教育体系,学前教育毛入园率提高到90%以上;九年义务教育巩固率提高到96%;高中阶段教育毛入学率达到92%以上;高等教育毛入学率达到60%。从2000—2015年教育现代化进程评价结果来看,基本实现教育现代化进程已取得了显著成效。未来,中国经济发展将进入后工业化时期,小学教育和中学教育普及,高等教育水平逐步提高,国民都受到良好的教育。《中国教育现代化2035》中明确了实现教育现代化的实施路径,其中第一条即为"总体规划,分区推进",要求"在国家教育现代化总体规划框架下,推动各地从实际出发,制定本地区教育现代化规划,形成一地一案、分区推进教育现代化的生动局面"。因此,对于经济发展超前于教育现代化的省(自治区、直辖市),应充分利用既有的经济资源,树立教育优先发展的战略理念,加大教育经费的投入力度,着力提升教育质量,加强人力资源开发力度,扩大高层次人才的培养规模,提高劳动者综合素质,全面提升教育水平,为经济发展提供更多智力支持与知识动力,提升经济发展的稳定性和可持续性。对于教育现代化发展超前于经济发展的省(自治区、直辖市),应充分利用教育资源的优势,合理优化教育资源配置,适当调整教育的层次结构、专业结构,同时加快区域产业结构转型升级,改变经济增长方式,努力开发高新技术产业,着力提高经济发展速度,为教育发展提供强大的动力和支持。

参考文献

[1] OECD. Education at a Glance 2010: OECD Indicators[M]. Paris: OECD Publishing, 2010.

[2] UNESCO. EFA Global Monitoring Report 2008: Education for All by 2015. Will We Make It[M]. Paris: United Nations Educational, Scientific and Cultural Organization, 2007.

[3] World Bank Group(Ed.). World Development Indicators 2012[M]. Washington: World Bank Publication, 2012.

[4] 冯增俊.试论我国教育现代化的基本任务及主要特征[J].中国教育学刊,1995(4):5-8.
[5] 褚宏启.教育现代化的性质与分析框架[J].高等师范教育研究,1998(3):9-13+35.
[6] 周稽裘,马维娜."九五"以来我国教育现代化研究综述(上)[J].学科教育,2004(11):1-9.
[7] 周稽裘,马维娜."九五"以来我国教育现代化研究综述(下)[J].学科教育,2004(12):6-10.
[8] 顾明远.教育现代化的基本特征及实施策略[J].人民教育,2007(13-14):8-11.
[9] 谈松华,袁本涛.教育现代化衡量指标问题的探讨[J].清华大学教育研究,2001(1):14-21.
[10] 李健宁,潘苏东.关于教育现代化指标体系设置的构想[J].现代大学教育,2004(1):11-16.
[11] 董焱,王秀军,张珏.教育现代化发展评价指标体系研究[J].教育发展研究,2012(21):55-58.
[12] 张莉.中国教育现代化进程统计监测研究[J].统计与信息论坛,2014,29(10):79-84.
[13] 邬志辉.中国百年教育现代化演进的线索与命题[J].中国地质大学学报,2002(4):45-49.
[14] 田正平,李江源.教育制度变迁与中国教育现代化进程[J].华东师范大学学报(教育科学版),2002,20(1):39-51.
[15] 谈松华.中国教育现代化的区域发展[M].广州:广东教育出版社,2003.
[16] 王志强.教育现代化理论:嬗变与思考[J].国家教育行政学院学报,2013(10):50-54.
[17] 胡鞍钢,王洪川,鄢一龙.中国现代化:人力资源与教育(1949—2030)[J].教育发展研究,2015,35(1):9-14.
[18] 胡鞍钢,王洪川,鄢一龙.教育现代化目标与指标——兼谈"十三五"教育发展基本思路[J].清华大学教育研究,2015,36(3):21-26.
[19] 城市教育现代化发展评价研究专题组.全国15个副省级城市教育现代化水平监测评价与比较研究报告(2014)[R].国家教育发展研究中心,2014.

第六章
流域初始水权分配的多层递阶决策方法研究

以流域初始水权配置实践为导向,参考现有水权按照"流域-省区-市区-行业"层级结构模式进行初始配置的思路,建立双控行动下流域初始水权分配的多层递阶决策模型,以模拟各个层面水权相关利益主体之间的民主协商及其上级层面行政仲裁过程,实现"流域-省区-市区-行业"层级结构模式的水权分配,优化流域社会经济综合用水效益。在此基础上,提出多层递阶决策模型的迭代算法,对流域初始水权分配模型进行求解。并结合流域初始水权配置实践,验证多层递阶决策模型的可行性。研究方法的创新性体现为:一方面,构建的"流域-省区-市区-行业"层级结构模式的目标函数,有效保障了流域整体的国内生产总值最大化,体现了双控行动下流域分水的经济效益性。同时,有效保障了流域内各省区之间、各市区分水的协调满意度最大化,体现了用水总量控制约束下流域分水的社会公平性;另一方面,构建的"流域-省区-市区-行业"层级结构模式的约束条件,有效保障了各省区、各市区的配水比例与社会经济发展综合指数之间的匹配关系,提高了各省区之间、各市区之间的耦合协同发展效度,有效保障了双控行动下市区内各行业的用水目标达到预期的目标值,充分体现了流域内各省区、省区内各市区的经济社会发展需求以及市区内各行业的发展用水需求。

6.1 引言

明晰流域初始水权是优化水资源时空配置格局,实现水资源在"流域-省区-市区-行业"层级结构得到公平有效配置的重要途径。面对我国日益复杂的水问题,2011年中央一号文件提出了实行最严格水资源管理制度,建立用水总量控制、用水效率控制、水功能区限制纳污"三条红线"刚性约束,水利部积极响应国家水利政策,大力推进59条跨省江河流域水量分配方案编制。十八届五中全会提出实行用水总量和用水强度双控行动,建立健全用水权初始分配制度,作为实行最严格水资源管理制度的重要抓手,为加快转变经济发展方式、优化产业结构布局提供有力支撑。国家"十三五"规划进一步强调,"十三五"期间强化双控行动、落实最严格水资源管理制度,推动我国经济社会发展方式的战略转型。为此,在用水总量和用水强度控制的制度约束下,以流域初始水权配置实践为导向,参考现有水权按照"流域-省区-市区-行业"层级结构模式进行初始配置的思路,探讨构建双控行动下"流域-省区-市区-行业"层级结构模式的多层递阶决策模型,模拟各个层面水权相关利益主体之间的民主协商及其上级层面行政仲裁过程,保障流域初始水权分配理论与实践的契合性。

流域初始水权分配的关键是保障同一层面不同区域之间分水的公平性以及下级层面各个行业水资源利用的高效性。国外学者提出了相应的分配原则和分配指标,统筹体现社会公平、经济效益与生态保护等多维目标,并构建了多目标耦合、多模型耦合的水资源配置模型,提高配置结果的满意度。Cai 等[1]提出了公平优先、兼顾效率、保障可持续等原则,采用区域面积、人口、用水量及用水效益等指标,结合水资源管理模型与 GIS,模拟流域水资源分配;Cai 等[2]建立了水文-农业-经济模型、水资源-经济-水文模型,应用于智利的 Maipo 流域;Wang、Hipel 等[3-6]提出基于均衡水权的荒地流域合作式水资源配置模型,兼顾公平和效率,实现水资源的高效利用;Xevi 等[7-9]以各种约束条件下和不同时空尺度下的供水、地下水水质、生态环境和经济为目标,构建地下水模拟模型和多目标优化模型耦合的水资源配置模型。

20 世纪 80 年代开始,流域初始水权分配逐渐成为我国学者和水利工作者关注的热点,众多学者对流域初始水权分配的基本原则与模型进行了深入研究。通过总结我国《中华人民共和国水法》等法律政策法规以及黄河、大凌河、黑河等流域水权配置实践,生活用水优先原则、保障粮食安全原则、尊重历史与现状原则、可持续发展原则、留有余量原则、生态用水保障原则成为水权分配的基本原则[10-15]。以初始水权分配的基本原则与指标体系为指导,分配模型进一步为初始水权配置实践提供了技术支撑。从现有的初始水权分配模型看[16-23],研究主要围绕两方面展开,一是分配指标权重的确定,通常采用层次分析法、熵权法等模型方法,但由于指标权重的确定受到了人为因素的干扰,导致水权分配结果的可接受性较弱;二是初始水权分配比例的确定,通常采用模糊决策模型、多目标优化模型、理想解模型、投影寻踪模型等模型方法,但分配模型并不能反映流域内各区域之间的民主协商机制。随着研究的进一步深化,吴凤平等[24-28]提出在分配模型中嵌入协商、交互、研讨、博弈等机制,设计判别准则体系,反映水权相关利益主体的合理要求和意愿,提高水权配置结果的满意度。

从流域初始水权分配理论来看,学者们提出的水权分配的基本原则已较为完善,且分配模型的构建逐步趋向复杂化,为初始水权配置实践提供了有效的技术支撑。从流域初始水权配置实践来看,现有水权主要按照"流域-省区-市区-行业"的多层递阶结构模式进行初始配置,其中上级层面为水权供给主体,下级层面涉及多个水权需求主体。由于上级层面宏观调控下级层面的水权分配,而下级层面反过来影响上级层面的社会经济综合用水效益。因此,上级、下级层面之间形成了以上级层面分配为主、下级层面分配为从的多层递阶决策过程。为此,以流域初始水权配置实践为导向,在用水总量和用水强度控制的制度约束下,一方面,构建"流域-省区-市区-行业"层级结构模式的目标函数,充分体现流域内各省区、省区内各市区的经济社会发展需求以及市区内各行业的发展用水需求;另一方面,模拟各个层面水权相关利益主体之间的民主协商及其上级层面行政仲裁过程,构建"流域-省区-市区-行业"层级结构模式的约束条件,充分兼顾分水的公平性与效率性,以此建立流域初始水权分配的多层递阶决策模型,实现流域初始水权的省区、市区、行业分配,优化流域社会经济综合用水效益。并通过将理论模型应用于初始水权配置实践,进一步验证多层递阶决策模型的实用性。

6.2 流域初始水权分配的多层递阶决策模型

流域初始水权分配的实质是,在用水总量和用水强度控制的制度约束下,流域内各省区、省区内各市区依据其经济社会发展需求,通过各个层面水权相关利益主体之间的民主协商及其上级层面的行政仲裁,流域管理机构首先将流域初始水权总量分配给各省区;各省区确权后,将获得的水权量分配给各市区;各市区确权后,再将获得的水权量分配给生活、生产和生态环境"三生"用水行业。为此,构建"流域-省区""省区-市区""市区-行业"三个层面的目标函数与约束条件,模拟各个层面水权相关利益主体之间的民主协商及其上级层面行政仲裁过程,建立"流域-省区-市区-行业"层级结构模式的多层递阶决策模型,分配流域初始水权。具体阐述为:

6.2.1 "流域-省区"层面的目标函数与约束条件

假定流域初始水权总量为 W_0,在用水总量和用水强度控制的制度约束下,流域管理机构分配给第 i 个省区的水权量为 $W_i(W_0 = \sum_{i=1}^{n} W_i)$。"流域-省区"层面的目标函数与约束条件可表述为

$$F(W) = \{F_1(W), F_2(W)\}$$

$$\begin{cases} F_1(W) = \max \sum_{i=1}^{n} f_{i1}(W_i) \\ F_2(W) = \max \left[n \cdot \left(\prod_{i=1}^{n} f_{i2}(W_i) \right)^{1/n} \right] = \max \left[n \cdot \left(\prod_{i=1}^{n} \frac{W_i/W_i^*}{\sum_{i=1}^{n}(W_i/W_i^*)} \right)^{1/n} \right] \end{cases}$$

$$\text{s. t.} \begin{cases} W_0 = \sum_{i=1}^{n} W_i \\ R_i \geqslant R_{i'} \Leftrightarrow W_i \geqslant W_{i'} \\ \frac{W_i}{W_{i'}} \Big/ \frac{R_i}{R_{i'}} \geqslant \alpha_{\min} \\ W_i \leqslant W_i^* \\ \dfrac{\prod_{i=1}^{n} \dfrac{R_i}{W_i/W_0}}{\left[\dfrac{1}{n} \sum_{i=1}^{n} \dfrac{R_i}{W_i/W_0} \right]^n} \geqslant \beta_{\min} \\ i, i' = 1, 2, \cdots, n; i \neq i' \end{cases} \tag{6.1}$$

式(6.1)的目标函数中,$F(W)$为"流域-省区"层面的目标函数;$F_1(W)$为保障流域整体的国内生产总值最大化,体现了双控行动下流域分水的经济效益性;$f_{i1}(W_i)$为第i个省区的国内生产总值;$F_2(W)$为保障流域内各省区之间分水的协调满意度最大化,体现了用水总量控制约束下流域分水的社会公平性。W_i^*为第i个省区的需水量。

式(6.1)的约束条件中,$\begin{cases} W_0 = \sum_{i=1}^{n} W_i \\ R_i \geqslant R_{i'} \Leftrightarrow W_i \geqslant W_{i'} \\ \frac{W_i}{W_{i'}} \Big/ \frac{R_i}{R_{i'}} \geqslant \alpha_{\min} \\ W_i \leqslant W_i^* \end{cases}$ 为第i个省区与第i'个省区

的配水比例与社会经济发展综合指数之间的匹配关系,体现了双控行动下分水的公平性。$\alpha_{\min}$为最小匹配系数[19]。$\dfrac{\prod_{i=1}^{n} \dfrac{R_i}{W_i/W_0}}{\left[\dfrac{1}{n} \sum_{i=1}^{n} \dfrac{R_i}{W_i/W_0} \right]^n} \geqslant \beta_{\min}$ 为流域内各省区之

间的耦合协同发展效度,体现了用水强度控制约束下分水的效率性。β_{min} 为最小效度系数[27]。α_{min}、β_{min} 可依据流域和省区的现状分水特点,通过各省区之间民主协商与流域管理机构行政仲裁予以确定。

式(6.1)的约束条件中,各省区的社会经济发展综合指数可参考设计的初始水权分配特征指标,利用理想解法予以确定。初始水权分配的特征指标主要结合公平原则、效率原则、可持续发展原则以及政府宏观调控原则进行设计(见图6.1)。

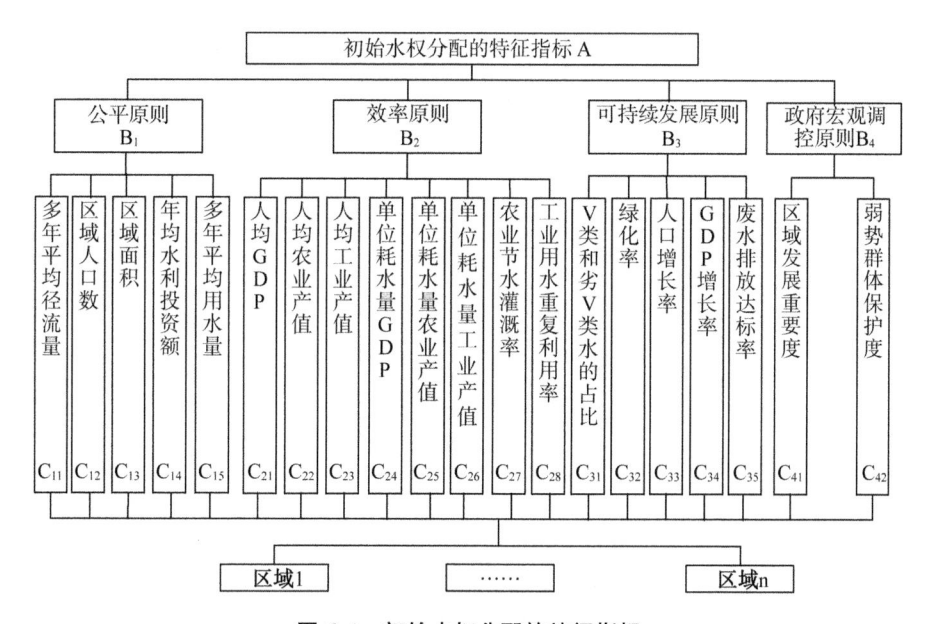

图 6.1 初始水权分配的特征指标

根据图6.1,流域内第 i 个省区的社会经济发展综合指数 R_i 可表示为

$$R_i = \frac{S_i^-}{S_i^+ + S_i^-}$$

$$\begin{cases} S_i^+ = \sqrt{\sum_{b=1}^{20}(v_{bi}-v_b^+)^2} \\ S_i^- = \sqrt{\sum_{b=1}^{20}(v_{bi}-v_b^-)^2} \\ v_{bi} = w_b \cdot C_i^* \end{cases} \quad (6.2)$$

式(6.2)中,R_i 为第 i 个省区的社会经济发展综合指数,根据第 i 个省区的综合加权指标值与其正负理想解之间的距离予以确定;v_{bi} 为第 i 个省区第 b 个特征指标的加权指标值;w_b 为第 b 个特征指标的权重,通过水行政主管部门和水资源

管理领域的专家评分予以确定；$C_{bi}^*(b=1\sim20)$ 为经无量纲化处理的第 b 个特征指标值；v_b^+、v_b^- 分别为流域内省区层面第 b 个特征指标的最优值、最劣值。

6.2.2 "省区-市区"层面的目标函数与约束条件

流域内第 i 个省区在获得水权分配额 W_i 后，在用水总量和用水强度控制的制度约束下，进一步将水权分配至第 i 个省区内各市区。假定第 i 个省区分配给省区内第 j 个市区的水权量为 $W_{ij}(W_i = \sum_{j=1}^{m} W_{ij})$。参考"流域-省区"层面的目标函数和约束条件，"省区-市区"层面的目标函数和约束条件可表述为

$$F_i(W) = \{F_{i1}(W), F_{i2}(W)\}$$

$$\begin{cases} F_{i1}(W) = \max \sum_{j=1}^{m} f_{ij1}(W_{ij}) \\ F_{i2}(W) = \max\left[m \cdot \left(\prod_{j=1}^{m} f_{ij2}(W_{ij})\right)^{1/m}\right] = \max\left[m \cdot \left(\prod_{j=1}^{m} \frac{W_{ij}/W_{ij}^*}{\sum_{j=1}^{m}(W_{ij}/W_{ij}^*)}\right)^{1/m}\right] \end{cases}$$

$$\text{s.t.} \begin{cases} f_{i1}(W_i) = \sum_{i=1}^{n}\sum_{j=1}^{m} f_{ij1}(W_{ij}) \\ W_i = \sum_{j=1}^{m} W_{ij} \\ R_{ij} \geqslant R_{ij'} \Leftrightarrow W_{ij} \geqslant W_{ij'} \\ \frac{W_{ij}}{W_{ij'}} / \frac{R_{ij}}{R_{ij'}} \geqslant \alpha_{\min} \\ W_{ij} \leqslant W_{ij}^* \\ \frac{\prod_{i=1}^{m} \frac{R_{ij}}{W_{ij}/W_i}}{\left[\frac{1}{n}\sum_{j=1}^{m} \frac{R_{ij}}{W_{ij}/W_i}\right]^n} \geqslant \beta_{\min} \\ j, j' = 1, 2, \cdots, m; j \neq j' \end{cases} \quad (6.3)$$

式(6.3)的目标函数中，$F_i(W)$ 为"省区-市区"层面的目标函数；$F_{i1}(W)$ 为保障省区整体的国内生产总值最大化，体现了双控行动下省区分水的经济效益性；$f_{ij1}(W_{ij})$ 为第 i 个省区内第 j 个市区的国内生产总值；$F_{i2}(W)$ 为保障省区

内各市区之间分水的协调满意度最大化,体现了用水总量控制约束下省区分水的社会公平性;W_{ij}^*为第i个省区内第j个市区的需水量。

式(6.3)的约束条件中,$f_{i1}(W_i)=\sum_{i=1}^{n}\sum_{j=1}^{m}f_{ij1}(W_{ij})$为第$i$个省区的国内生产总值等于省区内各市区的国内生产总值之和;
$$\begin{cases}W_i=\sum_{j=1}^{m}W_{ij}\\R_{ij}\geqslant R_{ij'}\Leftrightarrow W_{ij}\geqslant W_{ij'}\\\dfrac{W_{ij}}{W_{ij'}}\Big/\dfrac{R_{ij}}{R_{ij'}}\geqslant\alpha_{\min}\\W_{ij}\leqslant W_{ij}^*\end{cases}$$
为第i个省区内第j个市区与第j'个市区的配水比例与社会经济发展综合指数之间的匹配关系,体现了双控行动下分水的公平性;$\dfrac{\prod_{i=1}^{n}\dfrac{R_i}{W_i/W_0}}{\left[\dfrac{1}{n}\sum_{i=1}^{n}\dfrac{R_i}{W_i/W_0}\right]^n}\geqslant\beta_{\min}$为各市区之间的耦合协同发展效度,体现了用水强度控制约束下分水的效率性。

式(6.3)的约束条件中,第i个省区内第j个市区的社会经济发展综合指数R_{ij}可同理利用理想解法予以确定,即

$$R_{ij}=\dfrac{S_{ij}^-}{S_{ij}^++S_{ij}^-}$$

$$\begin{cases}S_{ij}^+=\sqrt{\sum_{b=1}^{B}(v_{bij}-v_{bi}^+)^2}\\S_i^-=\sqrt{\sum_{b=1}^{B}(v_{bij}-v_{bi}^-)^2}\\v_{bij}=w_b\cdot C_{bij}^*\end{cases} \quad (6.4)$$

式(6.4)中,R_{ij}为第i个省区内第j个市区的社会经济发展综合指数,根据第i个市区的综合加权指标值与其正负理想解之间的距离予以确定,特征指标的选取见图6.1;v_{bij}为第i个省区内第j个市区第b个指标的加权指标值;$C_{ijb}^*(b=1\sim20)$为第i个省区内第j个市区经无量纲化处理的第b个特征指标值;w_b为第b个特征指标权重,通过水行政主管部门和水资源管理领域的专家评分予以确定;v_{bi}^+、v_{bi}^-分别为第i个省区内市区层面第b个特征指标的最优值、

最劣值。

6.2.3 "市区-行业"层面的目标函数与约束条件

流域内第 i 个省区第 j 个市区在获得水权分配额 W_{ij} 后,在用水总量和用水强度控制的制度约束下,进一步将水权分配至第 j 个市区内各用水行业。假定第 j 个市区分配给市区内第 k 个行业的水权量为 $W_{ijk}(W_{ij} = \sum_{k=1}^{5} W_{ijk})$,其中 W_{ij1}、W_{ij2}、W_{ij3}、W_{ij4} 和 W_{ij5} 分别为第 i 个省区第 j 个市区的生活、环境、农业、工业以及服务业(建筑业与第三产业)的水权量。"市区-行业"层面的目标函数和约束条件可表述为

$$\min Z_{ij} = P_1 d_{j1}^- + P_2 d_{j2}^- + P_3 d_{j3}^- + P_4(3d_{j4}^- + 3d_{j5}^- + d_{j6}^-) \\ + P_5(d_{j7}^- + d_{j7}^+) + P_6(d_{j8}^- + d_{j8}^+)$$

$$\text{s.t.} \begin{cases} f_{ij1}(W_{ij}) = \sum_{j=1}^{m}(a_{ij1}W_{ij3} + a_{ij2}W_{ij4} + a_{ij3}W_{ij5}) \\ W_{ij} = \sum_{k=1}^{5} W_{ijk} \\ W_{ij1} + d_{j1}^- - d_{j1}^+ = Z_{ij1} \\ W_{ij3} \cdot a_{ij} + d_{j2}^- - d_{j2}^+ = Z_{ij2} \\ W_{ij2} + d_{j3}^- - d_{j3}^+ = Z_{ij3} \\ W_{ij4} \cdot a_{ij2} + d_{j4}^- - d_{j4}^+ = Z_{ij4} \\ W_{ij5} \cdot a_{ij3} + d_{j5}^- - d_{j5}^+ = Z_{ij5} \\ W_{ij3} \cdot a_{ij1} + d_{j6}^- - d_{j6}^+ = Z_{ij6} \\ W_{ij3} \cdot a_{ij1} + d_{j7}^- - d_{j7}^+ = Z_{ij7} \cdot W_{ij4} \cdot a_{ij2} \\ W_{ij4} \cdot a_{ij2} + d_{j8}^- - d_{j8}^+ = Z_{ij8} \cdot W_{ij5} \cdot a_{ij3} \\ 0 < W_{ijk} \leqslant W_{ijk}^* \\ d_{jl}^+, d_{jl}^- \geqslant 0,\ d_{jl}^+ \times d_{jl}^- = 0 \end{cases} \quad (6.5)$$

$$(i = 1 \sim n;\ j = 1 \sim m;\ k = 1 \sim 5;\ l = 1 \sim 8)$$

式(6.5)表明,对第 j 个市区的各行业进行水权分配时,应遵循一定的用水优先序位规则,以明确各行业用水的目标与约束:①人的基本生活水权需求必须优先得到满足;②满足粮食生产安全保障的农业水权需求;③在优先分配基本生活水权、保障粮食生产安全的农业水权的前提条件下,保障河道外环境建设水权

需求；④按照工业、服务业以及农业的用水序位，合理保障产业发展水权需求；⑤产业均衡协调原则，确定农业、工业与服务业之间的产业结构比例，以促进产业之间的均衡、协调发展。

式(6.5)的目标函数中，$\min Z_{ij}$ 为"市区-行业"层面的目标函数，保障双控行动下市区内各行业的用水目标达到预期的目标值；P_m 为第 m 个目标；d_{jm}^- 为第 m 个目标未达到 Z_{jm} 目标值的负偏差量；d_{jm}^+ 为第 m 个目标超过 Z_{jm} 目标值的正偏差量。

式(6.5)的约束条件中，$f_{ij1}(W_{ij}) = \sum_{j=1}^{m}(a_{ij1}W_{ij3} + a_{ij2}W_{ij4} + a_{ij3}W_{ij5})$ 为第 i 个省区内第 j 个市区的国内生产总值等于市区内各行业的生产总值之和；针对第 i 个省区内第 j 个市区，a_{ij1}、a_{ij2}、a_{ij3} 分别为用水强度控制约束下单方水农业产值、单方水工业产值、单方水服务业产值；Z_{ij1} 为生活用水目标值，根据规划年市区的城镇、农村人口总量及其人均生活用水定额予以确定；Z_{ij2} 为粮食总产量目标值，根据规划年市区的人口总量及其人均粮食需求量予以确定，a_{ij} 为单方水粮食产量；Z_{ij3} 为河道外生态环境用水目标值，根据规划年市区湖泊、湿地、绿地等面积及其用水定额予以确定；Z_{ij4}、Z_{ij5}、Z_{ij6} 分别为工业、服务业、农业的生产总值目标值，根据现状年市区工业、服务业、农业的生产总值及其增长速率予以确定；Z_{ij7} 为农业与工业的产业结构比目标值，根据规划年市区农业生产总值 Z_{ij6} 与工业生产总值 Z_{ij4} 的比例予以确定；Z_{ij8} 为工业与服务业的产业结构比目标值，根据规划年市区工业生产总值 Z_{ij4} 与服务业生产总值 Z_{ij5} 的比例予以确定。式(6.5)采用目标规划法(GLPS)软件进行求解。

根据式(6.1)~式(6.5)，将"流域-省区""省区-市区""市区-行业"三个层面的目标函数与约束条件进行综合集成，构成双控行动下流域初始水权分配的多层递阶决策模型。

6.3 多层递阶决策模型的求解方法

流域初始水权分配的多层递阶决策模型表明，上层和下层决策问题都有各自的目标函数和约束条件，上层的目标函数和约束条件不仅与上层的决策变量有关，而且还依赖于下层的最优解，而下层的最优解又受上层决策变量的影响。为此，可构建多层递阶决策的迭代算法，求解流域初始水权分配结果。多层递阶决策的迭代算法的基本步骤为：

步骤1，置 $k=1$。

步骤2，满足"流域-省区"层面的约束条件式(6.1)和式(6.2)，随机确定"流域-省区"层面决策变量 W_i 的一个初始值 W_i^t。

步骤3，根据"流域-省区"层面决策变量 W_i 的初始值 W_i^t，满足"流域-省区"层面的约束条件式(6.3)和式(6.4)，随机确定"省区-市区"层面决策变量 W_{ij} 的一个初始值 W_{ij}^t。

步骤4，将 W_{ij}^t 代入"市区-行业"层面的目标函数与约束条件式(6.5)中，获得"市区-行业"层面的决策变量 W_{ijk} 的初始值 W_{ijk}^t。

步骤5，将多层递阶决策模型的初始值 W_i^t、W_{ij}^t 和 W_{ijk}^t 代入"流域-省区"层面的目标函数式(6.1)中，确定"流域-省区"层面各目标的取值 $F_1(W)$、$F_2(W)$。

步骤6，根据确定的"流域-省区"层面各目标的取值 $F_1(W)$、$F_2(W)$，由流域机构提出流域内各目标的期望水平值 $F_i^*(W)$，建立单目标满意度函数，即

$$\begin{cases} \mu_t(F(W)) = \dfrac{1}{2}\mu_t(F_1(W)) + \dfrac{1}{2}\mu_t(F_2(W)) \\ \mu_t(F_i(W)) = \dfrac{F_i(W)}{F_i^*(W)} \end{cases} \quad (6.6)$$

式(6.6)中，$\mu_t(F(W))$ 表示第 t 轮流域社会经济综合效益满意度；$\mu_t(F_i(W))$ 表示第 t 轮的单目标满意度函数；期望水平值 $F_i^*(W)$ 可结合流域经济社会发展综合规划要求，通过专家咨询予以确定。

同理，确定"省区-市区"层面第 t 轮的综合效益满意度 $\mu_t(F_i(W))$。

步骤7，评价"流域-省区""省区-市区"层面的综合效益满意度 $\mu_t(F(W))$、$\mu_t(F_i(W))$，若满意，则停止，所求解即为多层递阶决策模型的最终满意解。若不满意，置 $t=t+1$，一方面，将流域综合效益满意度 $\mu_t(F(W))$ 加入"流域-省区"层面的约束条件中，形成新一轮的"流域-省区"层面的约束条件；另一方面，将第 i 个省区的综合效益满意度 $\mu_t(F_i(W))$ 加入"省区-市区"层面的约束条件中，形成新一轮的"省区-市区"层面的约束条件[即 $\mu_{t+1}(F(W)) \geqslant \mu_t(F(W))$、$\mu_{t+1}(F_i(W)) \geqslant \mu_t(F_i(W))$]，目的是保证持续提高"流域-省区""省区-市区"层面的综合效益满意度。

步骤8，采用"自上而下"的方式，加强流域内各个层面之间的民主协商，对流域各个层面的决策变量进行重新分配。首先，对"流域-省区"层面的决策变量 W_i 的值 W_i^t 进行适应性调整，分析决策变量 W_i 的值 W_i^t 可适当增加或减少的迭代量 ΔW_i^t；然后，对"省区-市区"层面决策变量 W_{ij} 进行适应性调整，分析决策变量 W_{ij} 的值 W_{ij}^t 可适当增加或减少的迭代量 ΔW_{ij}^t；最后，对"市区-行业"层面的

决策变量 W_{ijk} 的值 W_{ijk}^t 进行迭代调整,调整规则为:①第 j 个市区的生活、生态环境的发展目标至少应保持不变;②第 j 个市区在保障农业粮食生产安全的基础上,农业配水量 W_{ij3}^t 可适度降低,降低的量为 ΔW_{ij3}^t;③第 j 个市区的工业配水量 W_{ij4}^t 可适度增加,增加的量为 ΔW_{ij4}^t(其他市区的用水行业水权分配额若需调整,则可类似考虑)。转至步骤 5。

最终,根据步骤 1 至步骤 8,确定流域各个层面的决策变量值 W_i^t、W_{ij}^t 和 W_{ijk}^t。

6.4 实证分析

大凌河流域是水利部推广的流域初始水权分配试点,经水利部批复实施了《大凌河流域省(自治区)际水量分配方案》,大凌河流域初始水权分配的水利部试点方案见表6.1。

表6.1 大凌河流域初始水权分配的水利部试点方案　　　单位:%

省区	内蒙古		合计	辽宁					合计	河北
市区	赤峰	通辽		锦州	阜新	朝阳	盘锦	葫芦岛		承德
水权比例	2.883	1.989	4.872	20.308	20.45	41.596	7.309	4.260	93.922	1.206

6.4.1 大凌河流域初始水权分配的初始解方案

根据图6.1中的特征指标,参考《大凌河水资源公报》、《流域初始水权分配理论与实践》[29]、《水权制度建设试点经验总结——大凌河流域初始水权制度建设资料汇编》[30]统计资料,并通过实地调研等方式,得到规划年2030年大凌河流域初始水权分配的特征指标参数值,见表6.2。

根据表6.2,通过水行政主管部门和水资源管理领域的专家进行指标打分,确定指标权重为

$$W = [0.062, 0.130, 0.124, 0.071, 0.125, 0.075, 0.077, 0.089, 0.037, \\ 0.068, 0.018, 0.003, 0.002, 0.070, 0.025, 0.007, 0.002, 0.010, \\ 0.004]$$

参考图6.1中的特征指标,确定大凌河流域"流域-省区"层面、"省区-市区"层面的社会经济发展综合指数,见表6.3。

表 6.2 2030年大凌河流域初始水权分配的特征指标参数值

指标	内蒙古 赤峰	内蒙古 通辽	锦州	阜新	辽宁 朝阳	盘锦	葫芦岛	河北 承德
多年平均径流量(万 m³)	9 320	7 631	27 987	19 402	97 672	382	17 874	3 831
流域分区人口数(万人)	35.09	5.91	61.12	100.64	257.65	0.55	28.14	3.78
流域分区面积(km²)	1 699	1 376	2 986	3 072	12 989	37	1 201	477
现有工程供水规模(万 m³)	631	709	1 440	3 190	3 420	100	720	200
多年平均用水量(亿 m³)	0.47	0.38	1.83	1.05	5.19	0.02	0.95	0.19
人均 GDP(元/人)	696	2 756	6 539	7 356	2 858	13 950	2 644	2 226
人均农业产值(元/人)	1 789.51	5 437.11	9 929.69	7 061.27	2 487.51	20 720	685.65	4 401.21
人均工业产值(元/人)	0.01	4 377.5	28 655.73	18 562.93	10 060.82	19 460	3 308.39	5 170.11
单位耗水量 GDP(元/m³)	61.20	154.17	62.21	17.07	39.55	163.77	56.51	74.95
单位耗水量农业产值(元/m³)	35.90	13.11	23.23	7.25	15.10	13.72	5.34	30.42
单位耗水量工业产值(元/m³)	413.94	413.94	680.27	436.81	326.72	578.37	298.58	314.20
农业节水灌溉率(%)	0.60	0.62	0.62	0.61	0.67	0.58	0.64	0.63
工业用水重复利用率(%)	1.000	0.935	0.930	0.890	0.920	0.930	0.920	0.915
GDP增长率(%)	6.23	1.03	20.34	27.00	23.10	6.13	16.50	1.55
人口增长率(%)	1.86	1.84	0.86	2.03	1.05	0.05	0.62	1.62
绿化率(%)	6.50	5.50	8.90	9.50	7.40	8.60	8.10	7.80
废水排放达标率(%)	49.33	47.56	60.35	57.20	49.77	70.53	61.54	53.21
区域发展重要度	5	5	7	9	5	6	6	5
弱势群体保护度	6	6	5	5	8	5	7	6

表6.3 大凌河流域"流域-省区""省区-市区"层面的社会经济发展综合指数

省区	内蒙古		合计	辽宁					合计	河北
市区	赤峰	通辽		锦州	阜新	朝阳	盘锦	葫芦岛		承德
综合指数	0.317	0.243	0.560	0.874	0.849	2.389	0.616	0.273	5.002	0.251

根据表6.3,利用构建的多层递阶决策模型,逐级进行水权分配(取 $\alpha_{\min} = 0.5$, $\beta_{\min} = 0.6$),得到2030年大凌河流域初始水权分配的初始解方案,见表6.4。

表6.4 2030年大凌河流域初始水权分配的初始解方案　　单位:亿 m³

省区	内蒙古		合计	辽宁					合计	河北
市区	赤峰	通辽		锦州	阜新	朝阳	盘锦	葫芦岛		承德
生活	1 092	180	1 272	2 152	6 400	9 610	16	867	19 045	182
农业	3 187.76	2 216.58	5 404.34	12 708.25	7 067.90	26 019.35	9 000.00	4 195.35	58 990.85	1 642.79
工业	0.00	130.98	130.98	5 394.52	8 680.76	16 622.86	38.79	653.32	31 390.25	120.39
服务业	97.04	38.94	135.98	440.86	1 428.73	1 582.84	0.00	119.67	3 572.10	12.72
环境	56.79	6.45	63.24	267.37	996.61	1 224.95	0.00	85.66	2 574.59	3.20
合计	4 433	2 573	7 006	20 963	24 574	55 060	9 054	5 921	115 572	1 961

结合表6.4,经计算,水权分配初始解方案满足式(6.2)和式(6.4)。根据规划年2030年流域社会经济发展综合规划,$F_1^*(W) = 1 832.93$ 亿元,$F_2^*(W) = 1$。计算得到 $F_1(W) = 1 783.87$ 亿元,$F_2(W) = 0.999 7$。则 $\mu_t(F_1(W)) = 0.973 2$,$\mu_t(F_2(W)) = 0.999 7$。最终得到流域社会经济综合效益的满意度 $\mu_t(F(W)) = 0.986 4$。

6.4.2 大凌河流域初始水权分配的优化方案

采用多层递阶决策的迭代算法,得到大凌河流域初始水权分配的调整方案,见表6.5。

结合表6.5,经计算,水权分配调整方案满足式(6.2)和式(6.4)。计算得到 $F_1(W) = 1 832.93$ 亿元,$F_2(W) = 0.999 6$。则 $\mu_t(F_1(W)) = 0.973 7$,$\mu_t(F_2(W)) = 0.999 6$。最终得到流域社会经济综合效益的满意度 $\mu_t(F(W)) = 0.986 6$,大于初始解方案中的综合效益满意度0.986 4。

表 6.5　2030 年大凌河流域初始水权分配的调整方案　　　　　　　单位:亿 m³

省区	内蒙古		合计	辽宁					合计	河北
市区	赤峰	通辽		锦州	阜新	朝阳	盘锦	葫芦岛		承德
生活	1 091.5	180.0	1 271.5	2 152.0	6 400.0	9 610.0	15.6	867.0	19 044.6	181.9
农业	3 387.76	2 816.58	6 204.34	12 708.25	6 467.90	26 019.35	9 000.00	4 195.35	58 390.85	1 842.79
工业	0.00	130.98	130.98	5 394.52	8 680.76	16 622.86	38.79	653.32	31 390.25	120.39
服务业	97.04	38.94	135.98	440.86	1 428.73	1 582.84	0.00	119.67	3 572.10	12.72
环境	56.79	6.45	63.24	267.37	996.61	1 224.95	0.00	85.76	2 574.59	3.20
合计	4 633	3 173	7 806	20 963	23 974	55 060	9 054	5 921	114 972	2 161

采用多层递阶决策的迭代算法,得到大凌河流域初始水权分配的优化方案,见表 6.6。

表 6.6　2030 年大凌河流域初始水权分配的优化方案　　　　　　　单位:亿 m³

省区	内蒙古		合计	辽宁					合计	河北
市区	赤峰	通辽		锦州	阜新	朝阳	盘锦	葫芦岛		承德
生活	1 091.5	180.0	1 271.5	2 152.0	6 400.0	9 610.0	15.6	867.0	19 044.6	182.0
农业	2 420.00	2 149.09	4 569.09	16 952.93	7 673.97	22 932.65	9 000.00	3 596.79	60 239.35	1 334.12
工业	0.00	130.98	130.98	5 394.52	8 960.92	16 622.86	38.79	653.32	31 670.41	130.26
服务业	97.04	38.94	135.98	440.86	1 518.73	1 582.84	0.00	119.67	3 662.1	12.72
环境	56.79	6.45	63.24	267.37	996.61	1 224.95	0.00	85.76	2 574.59	3.20
合计	3 665	2 505	6 170	25 208	25 550	51 973	9 054	5 322	117 107	1 662

结合表 6.6,经计算,水权分配调整方案满足式(6.2)和式(6.4)。计算得到 $F_1(W) = 1\ 818.27$ 亿元,$F_2(W) = 0.994\ 9$。则 $\mu_t(F_1(W)) = 0.992\ 0$,$\mu_t(F_2(W)) = 0.994\ 9$。最终得到 $\mu_t(F(W)) = 0.993\ 4$,大于调整方案中的综合效益满意度 0.986 4。

表 6.6 中,内蒙古、辽宁、河北的水权分配比例分别为 4.939%、93.731%、1.330%。与表 6.1 进行对比分析可知,多层递阶决策模型的分配结果与水利部试点方案相吻合,充分验证了多层递阶决策模型的可行性与实用性。

根据表 6.4 至表 6.6,采用弹性系数法,可对匹配系数和效度系数进行敏感性分析,见表 6.7。

表 6.7 2030 年大凌河流域初始水权分配方案的匹配系数与效度系数敏感性分析

分配方案	综合效益满意度	匹配系数敏感性 匹配系数	匹配系数敏感性 弹性系数	效度系数敏感性 效度系数	效度系数敏感性 弹性系数
初始解方案	0.986 4	>0.541 1	0.71	>0.752	0.08
调整方案	0.986 6	>0.606 1	0.71	>0.789	0.08
优化方案	0.993 4	>0.546 5	0.71	>0.685	0.08

评价结果表明,大凌河流域初始水权分配方案的优化结果对匹配系数的敏感性较高。

6.5 结论

参考现有水权按照"流域-省区-市区-行业"层级结构模式进行初始配置的思路,在用水总量和用水强度控制的制度约束下,构建了双控行动下流域初始水权分配的多层递阶决策模型,提出了多层递阶决策的迭代算法,并将其应用于大凌河流域初始水权分配实践。研究结果表明,多层递阶决策模型既保证了用水总量控制约束下大凌河流域内省区之间、市区之间公平协调发展,又保障了用水强度控制下各行业之间协调高效用水,从而有效消除了流域内省区之间、省区内市区之间、市区内各行业之间的用水矛盾与冲突。最终,优化大凌河流域社会经济综合效益。因此,研究方法保障了流域初始水权分配理论与实践的契合性,充分验证了其可行性与实用性。为此,可以大凌河流域案例研究为参考,结合我国各大流域的域情、区情与水情,将双控行动下流域初始水权分配的多层递阶决策思路推广到我国各大流域,进一步增加对现有水权层级结构进行初始配置的指导作用。此外,应建立健全水权分配的实施保障制度,保障水权分配结果的有效落实。并以取水许可制度为依据,强化总量控制和定额管理,防止水权分配流于形式。水权层级结构的变化相应制约了水权管理成本,流域初始水权分配时,各层级水行政主管部门在结合政治民主协商机制和用水户参与机制进行水权分配的过程中,必须合理采用行政仲裁机制,有效控制水权管理成本。

参考文献

[1] CAI Ximing, MCKINNEY D C, LASDON L S. An integrated hydrologic-agronomic-economic model for river basin management [J]. Water resource planning and

management,2003,129(1):4-17.

[2] CAI Ximing, RINGLER C, ROSEGRANT M W. Modeling water resources management at the basin level — methodology and application to the maipo river basin[R]. Washington, D.C.: International Food Policy Research Institute, 2006.

[3] WANG Lizhong, FANG Liping, HIPEL K W. Cooperative water resources allocation based on equitable water rights[C]. International Conference on Systems, Man and Cybernetics, 2003.

[4] WANG Lizhong, FANG Liping, HIPEL K W. Lexicographic minimax approach to fair water allocation problems[C]. International Conference on Systems, Man and Cybernetics, 2004(1):1038-1043.

[5] WANG Lizhong, FANG Liping, HIPEL K W. Mathematical programming approaches for modeling water rights allocation[J]. Journal of Water Resources Planning and Management, 2007, 133(1):50-59.

[6] WANG Lizhong, FANG Liping, HIPEL K W. Basin-wide cooperative water resources allocation[J]. European Journal of operational research, 2008, 190(3):798-817.

[7] XEVI E, KHAN S. A multi-objective optimisation approach to water management[J]. Journal of environmental management, 2005(12):269-277.

[8] JERSON K, RAFAEL K. Water allocation for economic production in a semi-arid region[J]. Water resources development, 2002, 18(3):391-407.

[9] WANG Yupeng, XIE Jiancang, CHEN Lintao. Game analysis in water resource optimal allocation[C]. International Conference on Hybrid Information Technology, 2006(1):443-446.

[10] 胡鞍钢,王亚华.转型期水资源配置的公共政策:准市场和政治民主协商[J].中国软科学,2000(5):5-11.

[11] 苏青,施国庆,祝瑞样.水权研究综述[J].水利经济,2001(4):3-11.

[12] 胡继连,葛颜祥.黄河水资源的分配模式与协调机制——兼论黄河水权市场的建设与管理[J].管理世界,2004(8):43-52+60.

[13] 王浩,党连文,汪林,等.关于我国水权制度建设若干问题的思考[J].中国水利,2006(1):28-30.

[14] 党连文.流域初始水权分配有关问题的研究[J].中国水利,2006(9):16-18.

[15] 张勇,常云昆.国外典型水权制度研究[J].经济纵横,2006(3):63-66.

[16] 尹云松,孟令杰.基于AHP的流域初始水权分配方法及其应用实例[J].自然资源学报,2006,21(4):645-652.

[17] 佟金萍,王慧敏,牛文娟.流域水权初始分配系统模型[J].系统工程,2007,25(3):105-110.

[18] 陈艳萍,吴凤平,吴丹.基于模糊优选和TOPSIS法的流域初始水权分配模型[J].河海大

学学报(自然科学版),2009,37(4):467-471.
[19] 吴凤平,吴丹,陈艳萍.流域初始水权配置系统方案诊断模型[J].系统工程,2010,28(4):24-29.
[20] 吴丹,吴凤平,陈艳萍.流域初始水权配置复合系统双层优化模型[J].系统工程理论与实践,2012,32(1):196-202.
[21] 张丽娜,吴凤平,张陈俊.用水效率多情景约束下省区初始水量权差别化配置研究[J].中国人口·资源与环境,2015,25(5):122-130.
[22] 吴振,邵东国,顾文权.基于主成分分析的区域初始水权分配[J].南水北调与水利科技,2016,14(4):179-184.
[23] 靳玉莹,赵勇,张金萍,等.基于多目标优化模型的承德市初始水权分配[J].水电能源科学,2017,35(1):156-159.
[24] 吴凤平,葛敏.基于和谐性判断的交互式水权初始分配方法[J].河海大学学报(自然科学版),2006,34(1):104-107.
[25] WU Dan, WU Fengping, CHEN Yanping. Principal-subordinate hierarchical multi-objective programming model of initial water rights allocation[J]. Water Science and Engineering, 2009, 2(2):105-116.
[26] 王慧敏,唐润.基于综合集成研讨厅的流域初始水权分配群决策研究[J].中国人口·资源与环境,2009,19(4):42-45.
[27] 吴丹,吴凤平.基于双层优化模型的流域初始二维水权耦合配置[J].中国人口·资源与环境,2012,22(10):26-34.
[28] 张丽娜,吴凤平,贾鹏.基于耦合视角的流域初始水权配置框架初析——最严格水资源管理制度约束下[J].资源科学,2014,36(11):2240-2247.
[29] 王浩,党连文,谢新民,等.流域初始水权分配理论与实践[M].北京:中国水利水电出版社,2008.
[30] 高而坤,党连文.水权制度建设试点经验总结(二)——大凌河流域初始水权制度建设资料汇编[M].北京:中国水利水电出版社,2008.

第七章
京津冀协同发展评价体系研究

十八届五中全会提出了"创新、协调、绿色、开放、共享"五大发展理念,为实现"十三五"时期国家发展目标,破解国民经济与社会发展难题,厚植发展优势提供了重要的战略支撑。党的十九大报告提出了"贯彻新发展理念,建设现代化经济体系",并强调必须着力加快建设科技、实体经济、现代金融、人力资源协同发展的产业体系。因此,提升科技创新能力是促进京津冀地区经济社会持续发展的不竭动力,贯彻绿色发展理念是加快形成京津冀地区人与自然和谐发展新格局的生态环境变革,以科技创新引领京津冀地区实体经济转型升级,以绿色发展夯实持续发展基础,推动科技、经济、社会、生态之间耦合协调发展是京津冀地区经济社会持续发展的工作重心。为此,从科技、经济、社会、生态等多维视角,将加权综合指数法和耦合协调模型相结合,构建科技-经济-社会-生态耦合协调评价模型,动态评价京津冀地区科技-经济-社会-生态耦合协调水平。采用改进的理想解模型与协调度法,构建相应的动态评价模型,对比评价了不同时期京津冀地区的局部协同发展水平与整体协同发展能力,从而探寻京津冀协同发展的关键制约因素,因地制宜探索提升京津冀协同发展能力的对策建议,以指导京津冀协同发展实践。

7.1 引言

京津冀地区以占全国2.3%的土地面积,承载了全国8%的人口,创造了全国近11%的经济总量,是推动我国国民经济和社会发展的重要引擎。《京津冀协同发展规划纲要》《"十三五"时期京津冀国民经济和社会发展规划》等政策文件的相继出台,在确立京津冀协同发展这一重大国家战略地位基础上,明确了创新发展、转型升级、绿色发展等重点发展任务。同时,国家部委先后制定了科技、产业、生态环保、交通、教育等一批专项规划,大力促进京津冀创新驱动发展,增强京津冀资源能源保障能力,不断缩小京津冀地区发展的不平衡。这些政策制度为强化京津冀地区治理效能、加快推进京津冀协同发展提供了重要政策支撑。在京津冀协同发展战略实施背景下,立足于京津冀国民经济和社会发展的具体区情因素,构建一套较为完善的、与京津冀地区经济社会发展目标相适应的协同发展评价体系,有利于为京津冀协同发展实践提供理论指导和决策支撑。

京津冀协同发展战略确立并实施以来,京津冀政府管理部门和学术界开展了大量的京津冀地区协同发展的实践经验性研究。通过文献梳理发现,科技创新、经济发展、社会治理、生态建设作为京津冀地区国民经济和社会发展的重要组成部分,成为学者们探索京津冀协同发展的机制、评价方法与对策的热点视角。京津冀协同发展评价是检验京津冀协同发展实践成效的重要工具,有利于明确京津冀协同发展实践存在的主要问题。

针对地区科技协同发展研究,我国地区科技创新活动、创新绩效和创新产出等具有空间集聚特征,呈现明显的"沿海-内陆"分化格局,中部和西部地区均受到东部地区科技创新溢出效应影响,其中京津冀、长三角、珠三角创新资源最为集中[1-4]。但就科技资源配置效率和发展水平而言,长三角和珠三角整体优于京津冀,京津冀地区存在极化现象[4-5]。目前京津冀地区科技协同发展存在的问题为:科技创新能力梯度差较大,北京市最高,河北省最低;科技资源配置效率存在分化,天津和河北科技创新效率相对较低;天津、河北在创新产出方面不佳,而北京创新投入、产出和环境方面领先[6-11]。京津冀地区科技创新评价指标设计,主要包括科技资源存量、人才储备、科技产出、科技环境、成果转化以及科技产出绩效等指标。

针对地区经济协同发展研究,我国地区经济协同发展梯度差异趋于改善,中西部地区后发优势凸显,东部地区增速放缓[12]。其中,京津冀、长江经济带、粤港澳大湾区等地区间经济增速分化,京津冀增速放缓[13]。而且,京津冀区域经济发展的协同性、均衡性均落后于长三角和珠三角[14]。北京核心引领作用与大城市病治理、天津和河北产业结构升级以及非首都功能承接等重大问题导致京津冀经济协同发展面临挑战[15-17];京津冀三地发展差距大,促使要素单向流动;伴随"空吸现象"一体化效率降低[18-21];未形成产业良性互动,功能互补不强,竞争大于合作,重复投资和建设等现象严重[22-23]。京津冀地区经济发展评价指标设计,主要包括经济规模、水平、效益、结构、质量、环境等指标[14-23]。

针对地区社会协同发展研究,我国东、中、西地区代表性省份社会协同度均呈上升趋势,中部地区最高,东部地区最低[24]。而对于东部地区社会协同治理的研究主要集中在京津冀区域。京津冀社会管理范围较广,主要包含医疗卫生、养老、食品药品安全、基础设施建设、教育等[24-29]。京津冀社会协同治理存在中心和外围张力不协调、中心资源集聚而外围匮乏、公共服务质量差异显著、非均等化程度高等问题,主要原因在于京冀和津冀之间的差距,且不均等程度仍在扩大[30-34]。总体上,北京、天津社会系统脆弱性水平较低,河北省则较高[35-36]。京津冀地区社会治理评价指标设计,主要包括公共服务、人民生活、医疗教育、人居环境、社会结构、社会福利等指标[26-37]。

针对地区生态协同发展研究,京津冀地区目前存在能源资源短缺、水土流失、大气污染、垃圾围城等生态问题,特别是京津冀地区能源需求量迅猛增长,随之而来的大量环境问题集中爆发,以 $PM_{2.5}$ 为首要污染物的环境问题备受国内外瞩目。地区间差异显著,生态协同发展水平较低,但北京、天津高于河北[38-44]。针对当前京津冀地区存在的生态环境建设效果差、可操作性欠缺、治理成本高等问题,应厘清国家、公众和环境开发利用者等法律主体的权利义务,完善相关法律法规,建立统一高效的京津冀多元环境治理体系[45-48]。京津冀地区生态建设评价指标设计,重点涵盖了生态环境禀赋、污染现状、治理成果等指标[38-44, 49]。

此外,部分学者突出了指标的集成分析,如科技创新与产业结构[50]、经济产业与环境[51-52]、人口-土地-经济城镇化[53]、产业-交通-环境[54]、生态环境-经济发展-新型城镇化[55]、科技创新-经济社会-生态[56]等评价指标设计。同时,学者们通过借鉴东北亚区域治理现状评价[57]、信息技术对南太平洋地区治理的重要性评价[58-59]、瑞典城市地区治理的科技溢出效应评价[60]、罗马尼亚区域治理的集群效应评价[61]等国际实践经验,探索了京津冀协同发展评价方法。现有研究主要以主成分分析法、协调度法、熵权法、理想解法等为基础,建立了耦合评价模型,从科技创新、经济发展、社会治理以及生态建设等单一维度视角,评价京津冀地区协同发展现状。

综上,京津冀协同发展的本质是靠创新驱动,其实体内容在于加快推进经济产业转型升级,关键支撑在于完善社会治理和民生保障体系。同时,生态环境建设是京津冀协同发展的重要保障。实践表明,破解京津冀协同发展难题的关键是构建一套完善的、与京津冀经济社会发展目标相适应的协同发展评价体系,为京津冀协同发展实践提供理论指导和决策支撑。京津冀协同发展评价是综合京津冀地区科技、经济、社会、生态等多维视角进行的系统评价,有利于为京津冀协同发展实践提供理论指导和决策支撑。

基于现有研究文献发现,目前京津冀协同发展评价主要存在两方面的不足:第一,学者们关于京津冀协同发展评价指标体系的设计尚无统一的标准维度,主要偏向于从科技、经济、社会、生态等单一维度视角构建相应的评价指标,鲜少有学者考虑在单一维度视角评价基础上,将科技、经济、社会、生态等维度纳入统一框架体系,建立更为完善的、与京津冀地区经济社会发展目标相适应的协同发展评价指标体系;第二,现有的评价方法重点强调对京津冀地区的不同维度发展进行在具体年份的静态评价。一是缺乏对不同时期京津冀地区不同维度发展指数的动态对比分析;二是缺乏对不同时期京津冀地区不同维度的相对发展及其耦合协调水平进行综合对比评价;三是缺乏对不同时期不同维度视角下京津冀地区协同发展水平进行综合比较,未体现不同时期综合维度视角下京津冀协同发展能力的对比分析。

为此,立足于京津冀国民经济和社会发展的全局,从科技、经济、社会、生态等多维视角,明确京津冀协同发展目标体系,系统设计京津冀协同发展评价指标体系。并采用变异系数法确定评价指标权重。同时,采用加权综合指数法、改进的理想解模型与耦合协调度模型构建相应的动态评价模型,作为京津冀协同发展评价的主要方法。在动态度量和对比分析不同时期京津冀地区的多维发展水平变化趋势基础上,对比评价不同时期京津冀地区的不同维度相对发展度及其耦合协调水平,评价不同时期多维视角下京津冀协同发展水平,综合评价不同时期京津冀协同发展能力,从而探寻京津冀协同发展的关键制约因素,因地制宜探索提升京津冀协同发展能力的对策建议,以指导京津冀协同发展实践。

7.2　京津冀协同发展评价指标体系设计

7.2.1　指标定性筛选

京津冀地区协同发展评价指标的设定既取决于京津冀地区不同维度的发展目标体系,也决定了京津冀地区协同发展的关键要素,体现了京津冀地区不同维度的协调发展状况。立足于京津冀国民经济和社会发展全局,京津冀地区发展目标包含了科技规模与创新能力、经济增长与产业升级、社会治理与民生保障、生态建设与环境保护等多维目标。其中,科技规模与创新绩效目标重在加大京津冀地区的科技规模、提高京津冀地区的科技创新能力;经济增长与产业升级目标重在提高京津冀地区的经济增长质量和效益、加快产业结构转型升级;社会治理与民生保障目标重在提升京津冀地区的公共服务质量、提高民生保障水平;生态建设与环境保护目标重在增强京津冀地区的生态建设水平、提升环境保护能力。

开展京津冀地区协同发展评价,不能仅局限于科技创新、经济产业、生态环境等单一研究视角。实践中,应综合科技、经济、社会、生态维度,将其全面纳入统一框架体系,进行京津冀地区协同发展评价指标体系设计。为此,参照《京津冀协同发展规划》《"十三五"时期京津冀国民经济和社会发展规划》等政策文件,明确京津冀地区发展的"政策导向性"指标。同时,参照以"京津冀协同发展"为主题的核心期刊文献,采用文献梳理法,确定京津冀地区协同发展的"文献参考性"指标。结合"政策导向性"和"文献参考性"两大类指标,可分别获得京津冀地区科技维度(见表7.1)和经济社会生态维度(见表7.2)协同发展评价的初始指标。

表7.1 京津冀地区协同发展评价的科技维度初始指标

维度	指标	
	一级指标	二级指标
科技	科技创新投入	R&D人员
		R&D人员全时当量
		高技术产业R&D人员折合全时当量
	科技创新环境	R&D经费内部支出
		高技术产业R&D经费内部支出
		高技术产业新产品开发经费支出
		R&D经费投入强度
		地方财政科学技术支出
	科技创新产出	专利申请受理数
		专利申请授权数
		发明专利申请授权量
	科技创新成效	每万人口专利拥有量
		技术市场成交额
		高技术产业新产品销售收入
		高技术产业新产品出口

表 7.2 京津冀地区协同发展评价的经济社会生态维度初始指标

维度	一级指标	二级指标	维度	一级指标	二级指标
经济	经济规模	人均生产总值	社会	民生改善	城镇登记失业率
		GDP 增速			城乡居民人民币储蓄存款年底余额
		地方财政一般预算收入			城镇居民人均可支配收入
		全社会固定资产投资		教育治理	普通高等学校招生数
		社会消费品零售总额			普通高校生师比
		经营单位所在地进出口总额			地方财政教育支出
		第二产业增加值			6岁及6岁以上受教育人口数
		工业增加值		医疗改善	医疗卫生机构数
	经济结构	第一产业产值占 GDP 比重			医疗卫生机构床位数
		第二产业产值占 GDP 比重			卫生人员数
		第三产业产值占 GDP 比重		保险规模	城镇职工基本医疗保险年末参保人数
	经济质量	全员劳动生产率			城镇职工参加养老保险人数
		常住人口城镇化率			参加失业保险人数
生态	资源消耗	用水总量			工伤保险年末参保人数
		能源消费量			年末参加生育保险人数
		单位 GDP 能耗		交通规模	货运量
	生态保护	森林覆盖率			客运量
		森林蓄积量			公路里程
		地方财政环境保护支出			铁路营业里程
		工业污染治理完成投资		邮电规模	邮电业务总量
		治理废水项目完成投资			移动电话年末用户
		治理废气项目完成投资			
	环境治理	生活垃圾清运量			
		废水排放量			
		化学需氧量排放量			
		氨氮排放量			
		二氧化硫排放量			

由表7.1可知,科技维度主要包含4个一级指标和15个二级指标。其中,科技创新投入包含3个二级指标,科技创新环境包含5个二级指标,科技创新产出包含3个二级指标,科技创新成效包含4个二级指标。由表7.2可知,经济维度主要包含3个一级指标和13个二级指标。其中,经济规模包含8个二级指标,经济结构包含3个二级指标,经济质量包含2个二级指标。社会维度主要包含6个一级指标和21个二级指标。其中,民生改善包含3个二级指标,教育治理包含4个二级指标,医疗改善包含3个二级指标,保险规模包含5个二级指标,交通规模包含4个二级指标,邮电规模包含2个二级指标。生态维度主要包含3个一级指标和14个二级指标。其中,资源消耗包含3个二级指标,生态保护包含6个二级指标,环境治理包含5个二级指标。综合科技、经济、社会、生态四个维度,评级指标体系共包含63个初始指标。

7.2.2 指标定量筛选

由于京津冀地区科技、经济、社会、生态维度涉及相关指标较多,利用主成分-相关分析法进行指标降维筛选。主成分分析是利用降维的思想,把多指标转化为少数几个综合指标(主成分),其中每个主成分都能够反映原始变量的大部分信息。采用主成分分析法对科技、经济、社会和生态维度的指标进行筛选,筛选出对主成分贡献度较大的指标,得到科技、经济、社会和生态维度的指标。同时,由于指标间可能具有较高相关性,出现信息重叠的现象,主成分分析法无法解决这一问题,此时利用相关分析法进行指标补充筛选。相关分析法可以通过计算指标间的相关性系数,剔除重复性较高的指标,消除指标线性相关的影响。利用主成分分析-相关分析法对京津冀地区协同发展评价的初始指标筛选步骤为:

步骤1,利用主成分分析法,根据因子载荷大小,对初始指标进行定量预筛选。筛选主成分因子载荷大于0.9、第二或第三主成分因子载荷绝对值最大的指标。

步骤2,利用相关分析法,根据相关系数大小,对经过主成分分析筛选后留下的指标进行二次定量筛选。分别计算京津冀地区科技、经济、社会和生态等维度内二级指标层下任意两个指标间的相关系数,设定指标相关系数的阈值M ($0<M<1$),若两指标间相关系数小于阈值M,则同时保留两个指标;若两指标间相关系数大于阈值M,则删除两个指标中因子载荷绝对值小的指标,即对评价结果影响小的指标。本文取阈值$M=0.9$。

步骤3,采用变异系数法确定不同维度的指标权重,可用公式表示为

$$\begin{cases} w_{ki} = \dfrac{V_{ki}}{\sum\limits_{i=1}^{m} V_{ki}} \\ V_{ki} = \dfrac{\sigma_{ki}}{\dfrac{1}{n}\sum\limits_{i=1}^{n} x_{ki}} \end{cases} \quad (7.1)$$

式(7.1)中，w_{ki} 为第 k 维度第 i 个指标的权重；V_{ki} 为第 k 维度第 i 个指标的变异系数，$\sum\limits_{i=1}^{m} V_{ki}$ 为第 k 维度各指标的变异系数和；σ_{ki} 为第 k 维度第 i 个指标的标准差；$\dfrac{1}{n}\sum\limits_{i=1}^{n} x_{ki}$ 为第 k 维度第 i 个指标的均值。

京津冀地区协同发展评价指标体系分为维度层、准则层、指标层3个层级，包括4个维度和目标、16项准则、28项指标(见表7.3)。

表 7.3 京津冀地区协同发展评价指标体系

维度层	准则层	指标层	指标单位	指标权重
科技	科技创新投入	R&D 人员	人	0.137
	科技创新环境	地方财政科学技术支出	亿元	0.160
	科技创新产出	国内专利申请受理数	件	0.172
	科技创新成效	技术市场成交额	亿元	0.210
		每万人口专利拥有量	件/万人	0.175
		高技术产业新产品销售收入	亿元	0.146
经济	产业发展规模	GDP 增速	%	0.199
		社会消费品零售总额	亿元	0.270
		工业增加值	亿元	0.265
	产业结构升级	第三产业产值占 GDP 比重	%	0.107
	产业发展质量	全员劳动生产率	元/人	0.160

续表

维度层	准则层	指标层	指标单位	指标权重
社会	民生保障	城镇登记失业率	%	0.062
		城乡居民人民币储蓄存款年底余额	亿元	0.131
	教育治理	普通高等学校招生数	万人	0.121
		普通高校生师比	—	0.008
		地方财政教育支出	亿元	0.134
	医疗改善	医疗卫生机构床位数	万张	0.140
	保险规模	城镇职工基本医疗保险年末参保人数	万人	0.121
	交通规模	铁路营业里程	万km	0.149
	邮电规模	移动电话年末用户	万户	0.134
生态	资源消耗	能源消费量	万t	0.116
	环境保护	森林覆盖率	%	0.064
		森林蓄积量	亿m³	0.140
		地方财政环境保护支出	亿元	0.149
	环境治理	废水排放量	万t	0.106
		化学需氧量排放量	万t	0.150
		二氧化硫排放量	t	0.143
		氨氮排放量	万t	0.132

7.3 京津冀协同发展评价方法

7.3.1 京津冀地区发展水平动态对比评价方法

采用加权综合指数法,构建京津冀地区发展水平评价模型,可用公式表示为

$$W_{jk}(t) = \sum_{i=1}^{m} [w_{ki} \cdot x_{jki}(t)]$$

$$x_{jki}(t)\atop{k=1\sim 4} = \begin{cases} \dfrac{a_{jki}(t) - \min a_{jki}(t)}{\max a_{jki}(t) - \min a_{jki}(t)} & (a_{jki}\text{为效益型指标}) \\ \dfrac{\max a_{jki}(t) - a_{jki}(t)}{\max a_{jki}(t) - \min a_{jki}(t)} & (a_{jki}\text{为成本型指标}) \end{cases} \quad (7.2)$$

式(7.2)中，$W_{jk}(t)$ 为第 t 时期第 j 地区第 k 维度（$k=1$、$k=2$、$k=3$、$k=4$ 分别代表科技、经济、社会、生态 4 个维度）的发展水平；$x_{jki}(t)$ 为无量纲化后的指标值；$a_{jki}(t)$ 为第 t 时期第 j 地区第 k 维度的第 i 个指标值；$\max a_{jki}(t)$、$\min a_{jki}(t)$ 分别为第 t 时期第 j 地区第 k 维度第 i 个指标值的最优值、最劣值。

7.3.2 京津冀地区科技-经济-社会-生态耦合协调水平评价方法

以加权综合指数法为基础，构建耦合协调发展模型，动态评价京津冀地区科技-经济-社会-生态耦合协调水平，可用公式表示为

$$D_j(t) = \sqrt{C_j(t) \cdot P_j(t)}$$

$$\begin{cases} C_j(t) = \left[\dfrac{\prod_{k=1}^{4} W_{jk}(t)}{P_j(t)^k}\right]^{\frac{1}{k}} \\ P_j(t) = \dfrac{1}{k}\sum_{k=1}^{4} W_{jk}(t) \end{cases} \quad (7.3)$$

式(7.3)中，$D_j(t)$（$j=1,2,3,4$）为第 t 时期第 j 地区科技-经济-社会-生态的耦合协调水平，其中 $j=1$、$j=2$、$j=3$、$j=4$ 分别为北京、天津、河北、京津冀整体；$C_j(t)$ 为第 t 时期第 j 地区科技-经济-社会-生态的耦合指数，衡量科技创新与经济发展、社会治理、生态建设之间的耦合关联程度；$P_j(t)$ 为第 t 时期第 j 地区科技-经济-社会-生态的协调指数，衡量科技创新与经济发展、社会治理、生态建设之间的协调程度。

采用相对发展度模型，测量京津冀地区科技与经济、社会、生态的相对发展水平，可用公式表示为

$$E_{jkk'}(t) = \dfrac{W_{jk}(t)}{W_{jk'}(t)} \quad (7.4)$$

式(7.4)中，$E_{jkk'}(t)$ 为第 t 时期第 j 地区第 k 维度与第 k' 维度的相对发展

水平,取 $k=1$ 为科技维度,$k'=2$、$k'=3$、$k'=4$ 分别为经济维度、社会维度、生态维度。

根据式(7.3)和式(7.4),结合耦合协调水平与相对发展水平,参考现有文献等级划分成果,对京津冀地区科技-经济-社会-生态耦合协调等级与阶段进行判定,见表7.4。

表 7.4　京津冀地区科技-经济-社会-生态耦合协调等级与阶段

区间	耦合协调水平	耦合协调等级	相对发展水平	耦合协调发展阶段 阶段特征	阶段判定
$0<D\leqslant 0.4$	(0, 0.1]	极度失调	$0<E<0.8$	科技滞后、制约经济发展（社会治理或生态建设）	系统趋于退化
	(0.1, 0.2] (0.2, 0.3]	严重失调 中度失调	$0.8\leqslant E\leqslant 1.2$	科技同步、推动经济发展（社会治理或生态建设）	系统趋于优化
	(0.3, 0.4]	轻度失调	$E>1.2$	科技超前、影响经济发展（社会治理或生态建设）	系统趋于退化
$0.4<D\leqslant 0.6$	(0.4, 0.5]	濒临失调	$0<E<0.8$	科技滞后、制约经济发展（社会治理或生态建设）	系统趋于退化
			$0.8\leqslant E\leqslant 1.2$	科技同步、推动经济发展（社会治理或生态建设）	系统趋于优化
	(0.5, 0.6]	勉强协调	$E>1.2$	科技超前、影响经济发展（社会治理或生态建设）	系统趋于退化
$0.6<D\leqslant 1$	(0.6, 0.7]	初级协调	$0<E<0.8$	科技滞后、制约经济发展（社会治理或生态建设）	系统趋于退化
	(0.7, 0.8] (0.8, 0.9]	中级协调 良好协调	$0.8\leqslant E\leqslant 1.2$	科技同步、推动经济发展（社会治理或生态建设）	系统趋于优化
	(0.9, 1]	优质协调	$E>1.2$	科技超前、影响经济发展（社会治理或生态建设）	系统趋于退化

注:本表由作者根据参考文献[49]设计得到。

7.3.3　京津冀地区协同发展水平动态评价方法

1) 局部协同发展水平评价方法

采用耦合协调度模型,评价京津冀地区之间局部协同发展水平,可用公式表示为

$$D_k(t) = \sqrt{C_k(t) \cdot P_k(t)}$$

$$\begin{cases} C_k(t) = \left[\dfrac{\prod_{j=1}^{4} W_{jk}(t)}{P_k(t)^j} \right]^{\frac{1}{j}} \\ P_k(t) = \dfrac{1}{j} \sum_{j=1}^{4} W_{jk}(t) \end{cases} \quad (7.5)$$

式(7.5)中，$D_k(t)$ 为第 t 时期第 k 维度京津冀地区之间的协同发展水平；$C_k(t)$ 为第 t 时期第 k 维度京津冀地区之间的耦合指数，衡量同一维度京津冀地区之间的耦合关联程度；$P_k(t)$ 为第 t 时期第 k 维度京津冀地区之间的协调指数，衡量同一维度京津冀地区之间的协同程度。

2）整体协同发展能力评价方法

采用改进的理想解模型，评价京津冀地区之间的整体协同发展能力。具体步骤为：

步骤1，对京津冀地区综合发展指数的优劣进行对比分析，构造时序多指标综合评价矩阵。可用公式表示为

$$\begin{cases} \mathbf{Z} = [z_j(1), z_j(2), \cdots, z_j(T)] \\ z_j(t) = \alpha \cdot W_j(t) + \beta \cdot H_j(t) \\ \alpha + \beta = 1 \\ H_j(t) = \dfrac{W_j(t) - W_j(t-1)}{W_j(t-1)} \\ W_j(t) = \sum_{k=1}^{4} W_{jk}(t)/4 \end{cases} \quad (7.6)$$

式(7.6)中，$\mathbf{Z}$ 为时序多指标综合发展指数评价矩阵，既体现了地区综合指数的优劣差异，又体现了地区综合发展指数的增长变化趋势；通常情况下，取 $\alpha = 0.5$，$\beta = 0.5$；$H_j(t)$ 为第 t 时期第 j 地区综合发展指数的增长变化趋势，衡量第 t 时期第 j 地区综合发展指数从 $(t-1)$ 期到 t 期的增长变化趋势，其中 $t=1$ 时，取 $H_j(t) = 0$；$W_j(t)$ 为第 t 时期第 j 地区的综合发展指数。

步骤2，按照理想解模型，用欧式范数作为距离的程度，计算第 t 时期第 j 地区综合发展指数评价值 $z_j(t)$ 到正理想点 z_j^+ 的距离 S_j^+ 与 $z_j(t)$ 到负理想点 z_j^- 的距离 S_j^-，计算地区综合发展能力，可用公式表示为

$$C_j = S_j^- / (S_j^+ + S_j^-)$$

$$\begin{cases} S_j^+ = \sqrt{\sum_{t=1}^{T} \lambda_t \cdot [z_j(t) - Z_j^+]^2} \\ S_j^- = \sqrt{\sum_{t=1}^{T} \lambda_t \cdot [z_j(t) - Z_j^-]^2} \\ Z_j^+ = \max\{Z_j(t) | j = 1, 2, 3, 4\} \\ Z_j^- = \max\{Z_j(t) | j = 1, 2, 3, 4\} \\ \sum_{t=1}^{T} \lambda_t = 1 \\ \lambda_{t+1} = \lambda_t + \Delta\lambda \end{cases} \quad (7.7)$$

式（7.7）中，C_j 为第 j 地区综合发展能力；Z_j^+、Z_j^- 分别为 $z_j(t)$ 的正理想解集合、负理想解集合；λ_t 为对应不同时期的时间权重，由于距离现在越近，地方政府综合管理能力相对更好，地区综合发展指数相对更高，应赋予其更大的权重，因此，采用等差数列赋权方法予以确定，$\Delta\lambda$ 为等差数列的公差。

步骤 3，采用协调度评价法，确定京津冀地区之间的整体协同发展能力，即

$$D_{jl} = \sqrt{C_{jl} \times T_{jl}}$$

$$\begin{cases} C_{jl} = \left[\dfrac{C_j \cdot C_l}{\left[\dfrac{C_j + C_l}{2}\right]^2}\right]^2 \\ T_{jl} = \omega_j \cdot C_j + \omega_l \cdot C_l \\ \omega_j + \omega_l = 1 \\ j, l = 1, 2, 3, 4; j \neq l \end{cases} \quad (7.8)$$

式（7.8）中，D_{jl} 为第 j 地区与第 l 地区之间的协同发展能力；C_{jl} 为第 j 地区与第 l 地区之间的协同发展指数；T_{jl} 为第 j 地区与第 l 地区之间的平均发展指数；基于各个地区的发展具有同等重要性，取权重 $\omega_j = \omega_l = 0.5$。

步骤 4，采用相对发展度模型，测量京津冀地区的相对发展水平，可用公式表示为

$$E_{kjj'}(t) = \frac{W_{kj}(t)}{W_{kj'}(t)} \quad (7.9)$$

式（7.9）中，$E_{kjj'}(t)$ 为第 t 时期第 k 维度下第 j 地区与第 j' 地区的相对发展水平。

综上,根据参考文献[62]的等级划分成果,对京津冀地区协同等级与阶段进行判定,见表7.5。

表7.5 京津冀地区协同等级与阶段

区间	协同水平	协同等级	相对发展水平
$0<D\leqslant 0.4$	(0, 0.1]	极度失协	$0<E<0.8$
	(0.1, 0.2]	严重失协	$0.8\leqslant E\leqslant 1.2$
	(0.2, 0.3]	中度失协	
	(0.3, 0.4]	轻度失协	$E>1.2$
$0.4<D\leqslant 0.6$	(0.4, 0.5]	濒临失协	$0<E<0.8$
	(0.5, 0.6]	勉强协同	$0.8\leqslant E\leqslant 1.2$
			$E>1.2$
$0.6<D\leqslant 1$	(0.6, 0.7]	初级协同	$0<E<0.8$
	(0.7, 0.8]	中级协同	$0.8\leqslant E\leqslant 1.2$
	(0.8, 0.9]	良好协同	
	(0.9, 1]	优质协同	$E>1.2$

7.4 京津冀协同发展评价结果

7.4.1 京津冀地区发展水平动态评价

1) 京津冀地区科技创新水平动态对比

根据式(7.2),以2009年为基准年,确定2010—2018年京津冀地区科技创新水平,见表7.6。

表7.6 京津冀地区创新科技水平

年份	北京	天津	河北	京津冀
2010	0.101	0.073	0.030	0.076
2011	0.205	0.184	0.117	0.170
2012	0.266	0.331	0.218	0.294
2013	0.429	0.544	0.269	0.486
2014	0.572	0.652	0.352	0.604
2015	0.596	0.790	0.441	0.673

续表

年份	北京	天津	河北	京津冀
2016	0.725	0.854	0.599	0.779
2017	0.826	0.745	0.697	0.816
2018	1.000	0.827	0.978	0.960

由表7.6可知：2010—2018年，京津冀科技创新水平均呈递增趋势；京津冀地区科技创新水平变化呈多时态性。其中：

① 2010年，科技创新水平呈现北京(0.101)＞天津(0.073)＞河北(0.030)的规律。这是由于北京在科技创新投入、环境、产出和成效方面具有绝对优势，科技创新资源丰富、资源累积能力强大。此时，北京R&D人员达到269 932人，分别是天津(86 374人)和河北(91 794人)的3.1倍、2.9倍；北京地方财政科学技术支出达到179亿元，分别是天津(43亿元)和河北(30亿元)的4.2倍、6.0倍；北京国内专利申请受理数达到57 296件，分别是天津(25 973件)和河北(12 295件)的2.2倍、4.7倍；北京技术市场成交额达到1 579.54亿元，分别是天津(119.34亿元)和河北(19.29亿元)的13.2倍、81.9倍；北京每万人口专利拥有量达到17件，分别是天津(8件)和河北(1件)的2.1倍、17倍；北京高技术产业新产品销售收入达到13 607 777万元，分别是天津(8 481 937万元)和河北(701 061.5万元)的1.6倍、19.4倍。

② 2011—2016年，科技创新水平总体呈现天津(0.854)＞北京(0.725)＞河北(0.599)的变化规律，这是由于天津科技创新增长空间巨大。天津R&D人员由2011年的111 586人增至2016年的177 165人，年均增长10 930人，年均增长率高达9.8%；地方财政科学技术支出由2011年的60亿元增至2016年的125亿元，年均增长10.8亿元，年均增长率高达18.1%；专利申请受理数由2011年的38 489件增至2016年的106 514件，年均增长11 338件，年均增长率高达29.5%；技术市场成交额由2011年的169.38亿元增至2016年的552.64亿元，年均增长63.9亿元，年均增长率高达37.8%；每万人口专利拥有量由2011年的10件增至2016年的25件，年均增长3件，年均增长率高达30%；高技术产业新产品销售收入由2011年的7 950 951万元增至2016年的15 989 132万元，年均增长1 607 636.2万元，年均增长率高达20.22%。

③ 2017—2018年，科技创新水平呈现北京(1.000)＞河北(0.978)＞天津(0.827)的规律。这是由于京津冀一体化背景下，河北受到京津地区科技创新辐射和带动作用，发展势头迅猛，发展指数同比增长40%。此时，河北专利申请受

理数同比增长37％、技术市场成交额同比增长210％、每万人口专利拥有量同比增长40％、高技术产业新产品销售收入同比增长9％。综上，北京、河北科技创新发展呈持续向好态势且发展结果均较好，天津前期科技创新发展势头强劲，发展过程较好。

2) 京津冀地区经济发展水平动态对比

根据式(7.2)，以2009年为基准年，确定2010—2018年京津冀地区经济发展水平，见表7.7。

表7.7　京津冀地区经济发展水平

年份	北京	天津	河北	京津冀
2010	0.329	0.337	0.316	0.327
2011	0.415	0.493	0.502	0.482
2012	0.379	0.533	0.456	0.453
2013	0.487	0.629	0.522	0.537
2014	0.488	0.671	0.537	0.560
2015	0.565	0.697	0.541	0.585
2016	0.746	0.795	0.711	0.742
2017	0.766	0.790	0.791	0.786
2018	0.804	0.768	0.741	0.765

由表7.7可知：2010—2018年，京津冀地区经济发展水平总体均呈递增趋势；京津冀地区经济发展水平变化呈多时态性。其中：

① 2010—2016年，京津冀地区经济发展水平总体呈现天津(0.795)＞北京(0.746)＞河北(0.711)的变化规律。这是由于天津经济发展势头强劲，在经济发展规模、结构和质量方面逐渐凸显优势。此时，天津社会消费品零售总额由2010年的2 860.2亿元增至2016年的5 635.8亿元，年均增长462.6亿元，年均增长率高达16％；工业增加值由2010年的4 410.85亿元增至2016年的6 805.13亿元，年均增长399亿元，年均增长率高达9％；第三产业产值占GDP比重由2010年的45.7％增至2016年的56.6％；全员劳动生产率由2010年的132 929元/人增至2016年的198 285元/人，年均增长10 893元/人、年均增长率高达9％。

② 2017年，京津冀地区经济发展水平呈现河北(0.791)＞天津(0.790)＞北京(0.766)的规律。这是由于河北受京津冀经济一体化的推动作用，经济发展

速度迅猛。此时,河北社会消费品零售总额同比增长11%;工业增加值同比增长3%;第三产业产值占GDP比重同比增长5%;全员劳动生产率同比增长8%。

③ 2018年,京津冀地区经济发展水平呈现北京(0.804)＞天津(0.768)＞河北(0.741)的规律。这是由于在京津冀协同发展战略背景下,北京经济发展结构和经济发展质量逐步优化,经济发展指数同比增长5%。此时,北京GDP增速达到8.2%;北京社会消费品零售总额达到11747.7亿元,分别是天津(5533亿元)和河北(16537.1)的2.1倍、0.7倍;北京工业增加值达到4464.6亿元,分别是天津(6962.71亿元)和河北(11503亿元)的0.6倍、0.4倍;第三产业产值占GDP比重达到81%,高于天津(58.6%)和河北(46.2%);全员劳动生产率达到244067元/人,分别是天津(210001元/人)和河北(85602元/人)的1.2倍、2.9倍。综上,北京、河北经济发展呈持续向好态势且经济发展结果均较好,天津前期经济发展势头强劲,发展过程较好。

3) 京津冀地区社会治理水平动态对比

根据式(7.2),以2009年为基准年,确定2010—2018年京津冀地区社会治理水平,见表7.8。

表7.8　京津冀地区社会治理水平

年份	北京	天津	河北	京津冀
2010	0.149	0.148	0.103	0.107
2011	0.256	0.277	0.222	0.236
2012	0.569	0.412	0.309	0.347
2013	0.681	0.541	0.406	0.467
2014	0.710	0.675	0.456	0.530
2015	0.663	0.719	0.563	0.608
2016	0.698	0.780	0.680	0.697
2017	0.720	0.809	0.779	0.777
2018	0.825	0.964	0.996	0.992

由表7.8可知:2010—2018年,京津冀地区社会治理水平总体呈递增趋势;京津冀地区社会治理水平变化呈多时态性。至2018年,京津冀地区社会治理水平呈现河北(0.996)＞天津(0.964)＞北京(0.825)的规律。此时,河北城镇登记失业率由3.9%下降到3.3%,年均下降0.8%;城乡居民人民币储蓄存款年底

余额由15 678.4亿元上升到40 355.6亿元,年均增长3 084.65亿元,年均增长率高达20%;普通高等学校招生数由33.91万人上升到42.2万人,年均增长1.04万人,年均增长率达3%;普通高校生师比由17.8下降到17.39,年均下降率达0.3%;地方财政教育支出由514.3亿元上升到1 385.59亿元,年均增长109亿元,年均增长率高达21%;移动电话年末用户由4 353.6万户上升到8 195.6万户,年均增长480万户,年均增长率高达11%;铁路营业里程由0.49万km上升到0.74万km、年均增长0.03万km、年均增长率达6%;医疗卫生机构床位数由24.97万张上升到42.2万张、年均增长2.2万张、年均增长率达9%;城镇职工基本医疗保险年末参保人数由848万人上升到1 030.2万人、年均增长23万人、年均增长率达3%。综上,北京前期社会治理水平较高,天津和河北后期发展速度较快,但河北社会治理最终结果最优。

4) 京津冀地区生态建设水平动态对比

根据式(7.2),以2009年为基准年,确定2010—2018年京津冀地区生态建设水平,见表7.9。

表7.9 京津冀地区生态建设水平

年份	北京	天津	河北	京津冀
2010	0.350	0.348	0.469	0.451
2011	0.178	0.170	0.106	0.131
2012	0.203	0.131	0.083	0.112
2013	0.211	0.141	0.097	0.122
2014	0.240	0.144	0.148	0.162
2015	0.306	0.181	0.219	0.229
2016	0.496	0.446	0.489	0.505
2017	0.625	0.560	0.568	0.615
2018	0.864	0.717	0.827	0.845

由表7.9可知:2010—2018年,京津冀地区生态建设水平总体呈"先下降、后上升"的态势;京津冀地区生态建设变化呈多时态性。至2018年,京津冀地区生态建设水平呈现北京(0.864)>河北(0.827)>天津(0.717)的规律,这是北京生态保护和环境治理力度不断加强的结果。此时,北京能源消费量达到7 316万t,分别是天津(8 174万t)和河北(30 482万t)的0.9倍、0.2倍;北京森林覆盖率达到43.8%,高于天津(12.1%)和河北(26.8%);北京森林蓄积量达到

0.24亿 m³,分别是天津(0.05亿 m³)和河北(1.37亿 m³)的4.8倍、0.2倍;北京地方财政环境保护支出达到399.45亿元,分别是天津(66.46亿元)和河北(433.55亿元)的6倍、0.9倍;北京废水排放总量达到126 413.03万吨,分别是天津(90 381万 t)和河北(263 000万 t)的1.4倍、0.5倍;北京化学需氧量排放量达到5.6万 t,分别是天津(8.7万 t)和河北(48.9万 t)的0.6倍、0.1倍;北京二氧化硫排放量达到11 428 t,分别是天津(45 081 t)和河北(490 000 t)的0.3倍、0.02倍;北京氨氮排放量达到0.37万 t,分别是天津(1.3万 t)和河北(6.3万 t)的0.3倍、0.06倍。综上,北京生态保护和生态污染治理过程和结果最好。

7.4.2 京津冀地区科技-经济-社会-生态耦合协调水平评价

1) 科技-经济耦合协调水平评价

根据已构建的指标体系、耦合协调模型和相对发展度模型,将科技创新与经济发展水平指数代入计算,得出科技与经济协调发展水平测算结果(见表7.10)。由表7.10可知:

①2010—2018年,京津冀科技-经济系统耦合协调度呈递增趋势,耦合协调度由0.40上升至0.93,耦合协调等级由"轻度失调"向"优质协调"过渡。从耦合协调发展水平趋势来看,北京、天津在2010—2013年科技-经济系统耦合协调发展速度较快,耦合协调度分别由0.43、0.40增至0.68、0.76,年均增长0.08、0.12;北京、天津在2014—2018年科技-经济系统耦合协调发展速度放缓,耦合协调度分别由0.73、0.81增长至0.95、0.89,年均增长0.06、0.02。河北在2010—2012年科技-经济系统耦合协调发展速度较快,耦合协调度由0.31增长至0.56,年均增长0.14;河北在2013—2018年科技-经济系统耦合协调发展速度放缓,耦合协调度由0.61增长至0.92,年均增长0.06。从耦合协调发展等级来看,北京、天津比河北提前步入科技-经济系统的"优质协调"发展阶段。

② 2010—2018年,京津冀科技-经济系统相对发展总体经历了"滞后-同步-超前"阶段,科技创新由制约、推动向影响经济发展转变,系统趋于退化。其中,北京在2010—2012年一直处于科技创新滞后并制约经济发展阶段,在2013—2017年处于科技创新同步并推动经济发展阶段,仅在2018年科技创新略领先于经济发展。天津在2010—2012年一直处于科技创新滞后并制约经济发展阶段,在2013—2018年处于科技创新同步并推动经济发展阶段。河北在2010—2014年一直处于科技创新滞后并制约经济发展阶段,2015—2017年处于科技创新同步并推动经济发展阶段,仅在2018年科技创新略领先于经济发展。

表 7.10 京津冀地区科技-经济-社会-生态耦合协调发展水平测算结果

地区	年份	科技-经济				科技-社会				科技-生态				科技-经济-社会-生态	
		D	等级	E	阶段	D	等级	E	阶段	D	等级	E	阶段	D	等级
北京	2010	0.43	濒临失调	0.31	滞后	0.35	轻度失调	0.68	滞后	0.43	濒临失调	0.29	滞后	0.45	濒临失调
	2011	0.54	勉强协调	0.50	滞后	0.48	濒临失调	0.80	滞后	0.44	濒临失调	1.15	同步	0.50	勉强失调
	2012	0.56	勉强协调	0.70	滞后	0.62	初级协调	0.47	滞后	0.48	濒临失调	1.31	超前	0.57	勉强协调
	2013	0.68	初级协调	0.88	同步	0.74	中级协调	0.63	滞后	0.55	勉强协调	2.04	超前	0.65	初级协调
	2014	0.73	中级协调	1.17	同步	0.80	中级协调	0.81	同步	0.61	初级协调	2.38	超前	0.68	初级协调
	2015	0.76	中级协调	1.06	同步	0.79	中级协调	0.90	同步	0.65	初级协调	1.95	超前	0.72	中级协调
	2016	0.86	良好协调	0.97	同步	0.84	良好协调	1.04	同步	0.77	中级协调	1.46	超前	0.81	良好协调
	2017	0.89	良好协调	1.08	同步	0.88	良好协调	1.15	同步	0.85	良好协调	1.32	超前	0.85	良好协调
	2018	0.95	优质协调	1.24	超前	0.95	优质协调	1.21	同步	0.96	优质协调	1.16	同步	0.93	优质协调
天津	2010	0.40	轻度失调	0.22	滞后	0.32	轻度失调	0.49	滞后	0.40	轻度失调	0.21	滞后	0.43	濒临失调
	2011	0.55	勉强协调	0.37	滞后	0.47	濒临失调	0.66	滞后	0.42	濒临失调	1.08	同步	0.51	勉强协调
	2012	0.65	初级协调	0.62	滞后	0.61	初级协调	0.80	同步	0.46	濒临失调	2.53	超前	0.56	勉强协调
	2013	0.76	中级协调	0.87	同步	0.74	中级协调	1.01	同步	0.53	勉强协调	3.86	超前	0.63	初级协调
	2014	0.81	良好协调	0.97	同步	0.81	良好协调	0.97	同步	0.55	勉强协调	4.52	超前	0.67	初级协调
	2015	0.86	良好协调	1.13	同步	0.87	良好协调	1.10	同步	0.62	初级协调	4.36	超前	0.72	中级协调
	2016	0.91	优质协调	1.07	同步	0.90	良好协调	1.09	同步	0.79	中级协调	1.91	超前	0.83	良好协调
	2017	0.88	良好协调	0.94	同步	0.88	良好协调	0.92	同步	0.80	中级协调	1.33	超前	0.85	良好协调
	2018	0.89	良好协调	1.08	同步	0.94	优质协调	0.86	同步	0.88	良好协调	1.15	同步	0.90	良好协调

续表

地区	年份	科技-经济 D	科技-经济 等级	科技-经济 E	科技-经济 阶段	科技-社会 D	科技-社会 等级	科技-社会 E	科技-社会 阶段	科技-生态 D	科技-生态 等级	科技-生态 E	科技-生态 阶段	科技-经济-社会-生态 D	科技-经济-社会-生态 等级
河北	2010	0.31	轻度失调	0.10	滞后	0.24	中度失调	0.29	滞后	0.34	轻度失调	0.06	滞后	0.38	轻度失调
	2011	0.49	濒临失调	0.23	滞后	0.40	轻度失调	0.53	滞后	0.33	轻度失调	1.11	同步	0.44	濒临失调
	2012	0.56	勉强协调	0.48	滞后	0.51	勉强协调	0.71	滞后	0.37	轻度失调	2.63	超前	0.47	濒临失调
	2013	0.61	初级协调	0.52	滞后	0.57	勉强协调	0.66	滞后	0.40	轻度失调	2.77	超前	0.52	勉强协调
	2014	0.66	初级协调	0.66	同步	0.63	初级协调	0.77	滞后	0.48	濒临失调	2.39	超前	0.58	勉强协调
	2015	0.70	中级协调	0.82	同步	0.71	中级协调	0.78	同步	0.56	勉强协调	2.01	超前	0.64	初级协调
	2016	0.81	良好协调	0.84	同步	0.80	中级协调	0.88	同步	0.74	中级协调	1.22	超前	0.78	良好协调
	2017	0.86	良好协调	0.88	同步	0.86	良好协调	0.90	同步	0.79	中级协调	1.23	超前	0.84	良好协调
	2018	0.92	优质协调	1.32	超前	0.99	优质协调	0.98	同步	0.95	优质协调	1.18	同步	0.94	优质协调
京津冀	2010	0.40	轻度失调	0.23	滞后	0.30	濒临失调	0.71	滞后	0.43	濒临失调	0.17	滞后	0.43	濒临失调
	2011	0.54	勉强协调	0.35	滞后	0.45	濒临失调	0.72	滞后	0.39	轻度失调	1.30	超前	0.47	濒临失调
	2012	0.60	勉强协调	0.65	同步	0.57	勉强协调	0.85	同步	0.43	濒临失调	2.62	超前	0.52	勉强协调
	2013	0.71	中级协调	0.90	同步	0.69	初级协调	1.04	同步	0.49	濒临失调	4.00	超前	0.59	勉强协调
	2014	0.76	中级协调	1.08	同步	0.75	中级协调	1.14	同步	0.56	勉强协调	3.73	超前	0.64	初级协调
	2015	0.79	中级协调	1.15	同步	0.80	中级协调	1.11	同步	0.63	初级协调	2.94	超前	0.70	初级协调
	2016	0.87	良好协调	1.05	同步	0.86	良好协调	1.12	同步	0.79	中级协调	1.54	超前	0.82	良好协调
	2017	0.89	良好协调	1.04	同步	0.89	良好协调	1.05	同步	0.84	良好协调	1.33	超前	0.86	良好协调
	2018	0.93	优质协调	1.26	超前	0.99	优质协调	0.97	同步	0.95	优质协调	1.14	同步	0.94	优质协调

综上,2010—2018年,京津冀科技-经济系统耦合协调发展水平呈递增趋势,耦合协调等级由"轻度失调"向"优质协调"过渡;京津冀科技-经济系统相对发展总体经历了"滞后-同步-超前"状态,科技创新从制约、影响到推动经济发展转变,系统趋于优化。从耦合协调度等级来看,天津比北京、河北提前步入科技-经济系统的"优质协调"发展阶段。

2) 科技-社会耦合协调发展水平评价

根据已构建的指标体系、耦合协调模型和相对发展度模型,将科技与社会发展水平代入计算,得出科技与社会协调发展水平测算结果(见表7.10)。由表7.10可知:

① 2010—2018年,京津冀科技-社会系统耦合协调发展水平呈递增趋势,耦合协调度由0.30上升至0.99,耦合协调等级由"中度失同"向"优质协调"过渡。从耦合协调发展水平趋势来看,北京、天津在2010—2014年科技-社会系统耦合协调发展速度较快,耦合协调度分别由0.35、0.32增至0.80、0.81,年均增长0.11、0.12;北京、天津在2015—2018年科技-社会系统耦合协调发展速度放缓,耦合协调度分别由0.79、0.87增至0.95、0.94,年均增长0.04、0.02。河北在2010—2018年科技-社会系统耦合协调发展速度整体较快,耦合协调度由0.24增至0.99,年均增长0.1。从耦合协调发展等级来看,北京、天津、河北同时步入科技-社会系统"优质协调"发展阶段。

② 京津冀科技-社会系统相对发展经历了"滞后-同步"阶段,科技创新由制约社会治理向推动社会治理转变,系统趋于优化。其中,北京科技创新与社会治理相对发展关系具有不稳定性,表现出"滞后-同步-超前""制约-推动-影响"特征。天津在2010—2012年一直处于科技创新滞后并制约社会治理阶段,2013—2018年处于科技创新同步并推动社会治理阶段。河北在2010—2015年一直处于科技创新滞后并制约社会治理阶段,2016—2018年处于科技创新同步并推动社会治理阶段。

综上,2010—2018年,京津冀科技-社会系统耦合协调发展水平总体呈递增趋势,耦合协调等级由"中度失调"向"优质协调"过渡;京津冀科技-社会系统相对发展经历了"滞后-同步"阶段,科技创新由制约社会治理向推动社会治理转变,系统趋于优化。从耦合协调发展等级来看,北京、天津、河北同时步入科技-社会系统"优质协调"发展阶段。

3) 科技-生态耦合协调发展水平评价

根据已构建的指标体系、耦合协调模型和相对发展度模型,将科技与生态发展水平代入计算,得出科技与生态两者耦合协调发展水平测算结果(见表

7.10)。由表7.10可知：

① 2010—2018年,京津冀科技-生态系统耦合协调发展水平总体呈"先下降、后上升"趋势,耦合协调度先由0.43下降至0.39再上升至0.95,耦合协调等级由"濒临失调"向"优质协调"过渡。从耦合协调发展水平趋势来看,北京、天津和河北在2010—2018年科技-生态系统耦合协调发展速度均较慢,耦合协调度分别由0.43、0.40、0.34增至0.96、0.88、0.95,年均增长0.07、0.06、0.08。从耦合协调发展等级来看,北京、河北比天津提前步入科技-生态系统"优质协调"发展阶段。

② 2010—2018年,京津冀科技-生态系统相对发展均经历了"滞后-超前-同步"阶段,科技创新由制约、影响向推动生态建设转变,系统趋于优化。其中,北京、天津、河北科技-生态系统相对发展阶段一致。

综上,2010—2018年,京津冀科技-生态系统耦合协调发展水平总体呈"先下降、后上升"趋势,耦合协调等级由"濒临失调"向"优质协调"过渡;京津冀科技-生态系统相对发展均经历了"滞后-超前-同步"阶段,科技创新由制约、影响向推动生态建设转变,系统趋于优化。从耦合协调度发展等级来看,北京、河北比天津提前步入科技-生态系统"优质协调"发展阶段。

4) 科技-经济-社会-生态耦合协调发展水平评价

根据已构建的指标体系、耦合协调模型和相对发展度模型,将科技、经济、社会和生态发展水平代入计算,得出科技-经济-社会-生态耦合协调发展评价结果（见表7.10）。此外,由于京津冀地区内部科技-经济-社会-生态整体耦合协调发展同时受到科技-生态系统、科技-经济系统、科技-社会系统的影响,所以当科技-生态系统、科技-经济系统、科技-社会系统耦合协调度大小相近时,会推动科技-经济-社会-生态系统整体向前发展。反之,当耦合协调度大小相差较大时,会制约系统整体向前发展,由此可得出京津冀地区科技-经济-社会-生态耦合协调发展水平变化规律（见图7.1）。

结合表7.10与图7.1可知,2010—2018年,京津冀科技-经济-社会-生态系统耦合协调发展水平呈上升趋势,耦合协调度由0.43上升至0.94,耦合协调等级由"濒临失调"向"优质协调"过渡。至2018年,北京科技-经济-社会-生态系统的耦合协调发展水平达到0.93,低于科技-经济系统（0.95）、科技-社会系统（0.95）、科技-生态系统（0.96）；天津科技-经济-社会-生态系统的耦合协调发展水平达到0.90,高于科技-经济系统（0.89）、科技-生态系统（0.88）,低于科技-社会系统（0.94）；河北科技-经济-社会-生态系统的耦合协调发展水平达到0.94,高于科技-经济系统（0.92）、低于科技-社会系统

(0.99)、科技-生态系统(0.95)。

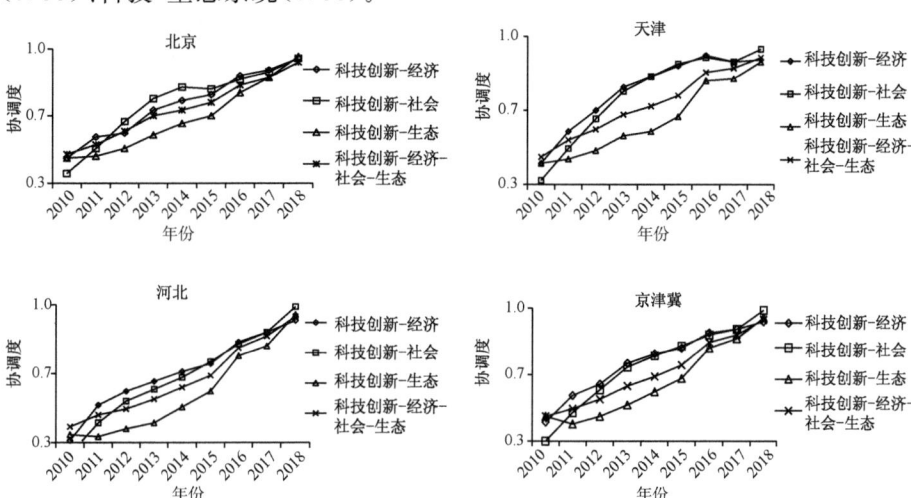

图 7.1　京津冀地区科技-经济-社会-生态耦合协调发展水平

由京津冀地区科技-经济-社会-生态系统耦合协调发展水平来看,2010—2018年,京津冀科技-经济-社会-生态系统的耦合协调发展水平整体高于科技-生态系统、低于科技-经济系统和科技-社会系统。这说明京津冀地区科技-经济系统、科技-社会系统拉动了科技-经济-社会-生态系统的耦合协调发展,而京津冀地区科技-生态系统抑制了科技-经济-社会-生态系统的耦合协调发展。

综上,京津冀地区科技-经济-社会-生态系统的耦合协调发展水平主要受科技-经济系统、科技-社会系统的正向拉动和科技-生态系统的负向抑制作用,科技-生态系统已成为制约京津冀地区科技-经济-社会-生态系统耦合协调发展水平提升的短板。

7.4.3　京津冀地区协同发展水平动态评价

1) 局部协同发展水平评价

将科技、经济、社会和生态发展水平代入公式(7.5)计算,得出京津冀地区局部协同发展水平测算结果(见表7.11)。

科技维度下,①从协同发展水平来看,京津冀地区协同发展水平呈递增趋势,协同度由0.25上升至0.97,协同等级由"中度失同"向"优质协同"过渡。2010—2018年,北京-天津协同发展水平由0.29上升至0.95、北京-河北由0.23上升至0.99、天津-河北由0.22上升至0.95,北京-天津协同发展水平总体优于北京-河北、天津-河北。②从相对发展水平来看,北京-天津、北京-河北和天津-

表 7.11 京津冀地区协同发展水平测算结果

维度	年份	北京-天津 D	北京-天津 E	北京-天津 阶段	北京-天津 等级	北京-河北 D	北京-河北 E	北京-河北 阶段	北京-河北 等级	天津-河北 D	天津-河北 E	天津-河北 阶段	天津-河北 等级	京津冀 D	京津冀 等级
科技	2010	0.29	1.39	超前	中度失同	0.23	3.35	超前	中度失同	0.22	2.42	超前	中度失同	0.25	中度失同
	2011	0.44	1.12	同步	濒临失同	0.39	1.75	超前	轻度失同	0.38	1.56	超前	轻度失同	0.41	濒临失同
	2012	0.54	0.81	同步	勉强协同	0.49	1.22	超前	濒临失同	0.52	1.51	超前	勉强协同	0.52	勉强协同
	2013	0.70	0.79	滞后	初级协同	0.58	1.59	超前	勉强协同	0.62	2.02	超前	勉强协同	0.63	初级协同
	2014	0.78	0.88	同步	中级协同	0.67	1.62	超前	初级协同	0.69	1.85	超前	初级协同	0.71	中级协同
	2015	0.83	0.75	滞后	良好协同	0.72	1.35	超前	中级协同	0.77	1.79	超前	中级协同	0.77	中级协同
	2016	0.89	0.85	滞后	良好协同	0.81	1.21	超前	良好协同	0.85	1.43	超前	良好协同	0.85	良好协同
	2017	0.89	1.11	同步	良好协同	0.87	1.18	超前	良好协同	0.85	1.07	同步	良好协同	0.87	良好协同
	2018	0.95	1.21	超前	优质协同	0.99	1.02	同步	优质协同	0.95	0.85	同步	优质协同	0.97	优质协同
经济	2010	0.58	0.98	同步	勉强协同	0.57	1.04	同步	勉强协同	0.57	1.07	同步	勉强协同	0.57	勉强协同
	2011	0.67	0.84	滞后	初级协同	0.68	0.83	同步	初级协同	0.71	0.98	同步	中级协同	0.68	初级协同
	2012	0.67	0.71	滞后	初级协同	0.64	0.83	同步	中级协同	0.70	1.17	超前	初级协同	0.67	初级协同
	2013	0.74	0.77	滞后	中级协同	0.71	0.93	同步	中级协同	0.76	1.21	超前	中级协同	0.74	中级协同
	2014	0.76	0.73	同步	中级协同	0.72	0.91	同步	中级协同	0.77	1.25	超前	中级协同	0.75	中级协同
	2015	0.79	0.81	同步	中级协同	0.74	1.05	同步	中级协同	0.78	1.29	超前	中级协同	0.77	中级协同
	2016	0.88	0.94	同步	良好协同	0.85	1.05	同步	良好协同	0.87	1.12	同步	良好协同	0.87	良好协同
	2017	0.88	0.97	同步	良好协同	0.88	0.97	同步	良好协同	0.89	1.00	同步	良好协同	0.88	良好协同
	2018	0.89	1.05	同步	良好协同	0.88	1.09	同步	优质协同	0.87	1.04	同步	良好协同	0.88	良好协同

续表

维度	年份	北京-天津 D	等级	E	阶段	北京-河北 D	等级	E	阶段	天津-河北 D	等级	E	阶段	京津冀 D	等级
社会	2010	0.39	轻度失同	1.00	同步	0.35	轻度失同	1.44	超前	0.35	轻度失同	1.44	超前	0.36	轻度失同
	2011	0.52	勉强协同	0.93	同步	0.49	濒临失同	1.15	同步	0.50	濒临失同	1.25	超前	0.50	濒临失同
	2012	0.70	初级协同	1.38	超前	0.65	初级协同	1.84	超前	0.60	勉强协同	1.33	超前	0.65	勉强协同
	2013	0.78	中级协同	1.26	超前	0.73	中级协同	1.68	超前	0.68	初级协同	1.33	超前	0.73	中级协同
	2014	0.83	良好协同	1.05	同步	0.75	中级协同	1.56	超前	0.74	中级协同	1.48	超前	0.78	中级协同
	2015	0.83	良好协同	0.92	同步	0.78	中级协同	1.18	同步	0.80	良好协同	1.28	超前	0.80	良好协同
	2016	0.86	良好协同	0.89	同步	0.83	良好协同	1.03	同步	0.85	良好协同	1.15	同步	0.85	良好协同
	2017	0.87	良好协同	0.89	同步	0.87	良好协同	0.92	同步	0.89	良好协同	1.04	同步	0.88	良好协同
	2018	0.94	优质协同	0.86	同步	0.95	优质协同	0.83	同步	0.99	优质协同	0.97	同步	0.96	优质协同
生态	2010	0.59	勉强协同	1.01	同步	0.64	初级协同	0.75	滞后	0.64	初级协同	0.74	滞后	0.62	初级协同
	2011	0.42	濒临失同	1.05	同步	0.37	轻度失同	1.68	超前	0.37	轻度失同	1.60	超前	0.38	轻度失同
	2012	0.40	濒临失同	1.55	超前	0.36	轻度失同	2.45	超前	0.32	轻度失同	1.57	超前	0.36	轻度失同
	2013	0.42	濒临失同	1.50	超前	0.38	轻度失同	2.17	超前	0.34	轻度失同	1.45	超前	0.38	轻度失同
	2014	0.43	濒临失同	1.67	超前	0.43	濒临失同	1.63	超前	0.38	轻度失同	0.98	同步	0.42	濒临失同
	2015	0.49	濒临失同	1.69	超前	0.51	勉强协同	1.40	超前	0.45	濒临失同	0.83	同步	0.48	濒临失同
	2016	0.69	初级协同	1.11	同步	0.70	初级协同	1.01	同步	0.68	初级协同	0.91	同步	0.69	初级协同
	2017	0.77	中级协同	1.11	同步	0.77	中级协同	1.10	同步	0.75	中级协同	0.99	同步	0.76	中级协同
	2018	0.89	中级协同	1.21	超前	0.92	中级协同	1.05	同步	0.88	中级协同	0.87	同步	0.89	中级协同

河北的相对发展水平基本处于"超前-同步"阶段。综合来看,北京-天津科技创新协同度较高且相对发展较均衡,而河北虽然受北京、天津技术溢出和辐射带动作用,科技创新水平提升较快,但河北与北京、天津科技创新水平的差距延缓了北京-河北和天津-河北协同发展步伐,导致北京-河北、天津-河北的科技创新低协同与失衡发展,从而影响了京津冀地区科技创新的协同发展。

经济维度下,①从协同发展水平来看,京津冀地区协同发展水平呈递增趋势,协同发展水平由 0.57 上升至 0.88,协同等级由"勉强协同"向"良好协同"过渡。2010—2018 年,北京-天津协同发展水平由 0.58 上升至 0.89、北京-河北由 0.57 上升至 0.88,天津-河北由 0.57 上升至 0.87,北京-天津协同发展水平总体优于北京-河北、天津-河北。②从相对发展水平来看,北京-天津、北京-河北和天津-河北的相对发展水平基本处于"同步"阶段。综合来看,北京、天津和河北三地之间经济发展水平相对趋近,相对发展较均衡,区域经济一体化成效显著,促进了京津冀地区经济发展的协同发展。

社会维度下,①从协同发展水平来看,京津冀地区协同发展水平呈递增趋势,协同度由 0.36 上升至 0.96,协同等级由"轻度失同"向"优质协同"过渡。2010—2018 年,北京-天津协同发展水平由 0.39 上升至 0.94、北京-河北由 0.35 上升至 0.95、天津-河北由 0.35 上升至 0.99,北京-天津协同发展水平总体优于北京-河北、天津-河北。②从相对发展水平来看,北京-天津、北京-河北和天津-河北的相对发展水平处于"同步-超前-同步"阶段。综合来看,北京-天津社会治理协同度较高且相对发展较均衡,而河北社会治理水平和速度总体发展缓慢,导致北京-河北、天津-河北社会协同发展优势不明显,从而延缓了京津冀地区社会治理的协同发展。

生态维度下,①从协同发展水平来看,京津冀地区协同发展水平呈"先下降、后上升"趋势,协同发展水平由 0.62 下降至 0.36 再上升至 0.89,协同等级由"初级协同"向"轻度失同"再向"中级协同"过渡。2010—2012 年,北京-天津协同发展水平由 0.59 下降至 0.40、北京-河北由 0.64 下降至 0.36、天津-河北由 0.64 下降至 0.32。2013—2018 年,北京-天津协同发展水平由 0.42 上升至 0.89、北京-河北由 0.38 上升至 0.92、天津-河北由 0.34 上升至 0.88,天津-河北协同发展水平总体优于北京-天津、北京-河北。②从相对发展水平来看,北京-天津、北京-河北和天津-河北的相对发展水平总体处于"同步-超前-同步、滞后-超前-同步、滞后-超前-同步"阶段。综合来看,天津-河北生态协同发展水平较高且相对发展较均衡,但天津、河北生态建设水平与北京存在差距,导致北京-河北、北京-天津未能达到良好的生态协同互动关系,从而延缓了京津冀地区生态建设的协同发展。

综上,根据京津冀地区不同维度协同发展水平对比来看,河北已成为制约京津冀地区协同发展水平提升的短板。

2) 整体协同发展能力评价

根据改进的理想解法,通过京津冀地区协同发展能力的横向对比分析,2010—2018年,京津冀地区协同发展能力由高到低的排列顺序为北京-天津(0.771)、北京-河北(0.764)、天津-河北(0.763),北京-天津最高,评价结果与京津冀地区发展水平动态变化趋势保持吻合。同时,为形成2014年前后京津冀协同发展成效的鲜明对比,将2010—2017年划分为两个阶段,即2010—2013年(第Ⅰ阶段)、2014—2017年(第Ⅱ阶段),对比评价2010—2013年(第Ⅰ阶段)与2014—2017年(第Ⅱ阶段)京津冀地区综合发展能力的变化,计算得到京津冀地区第Ⅰ、Ⅱ阶段的协同发展能力评价结果(见图7.2)。

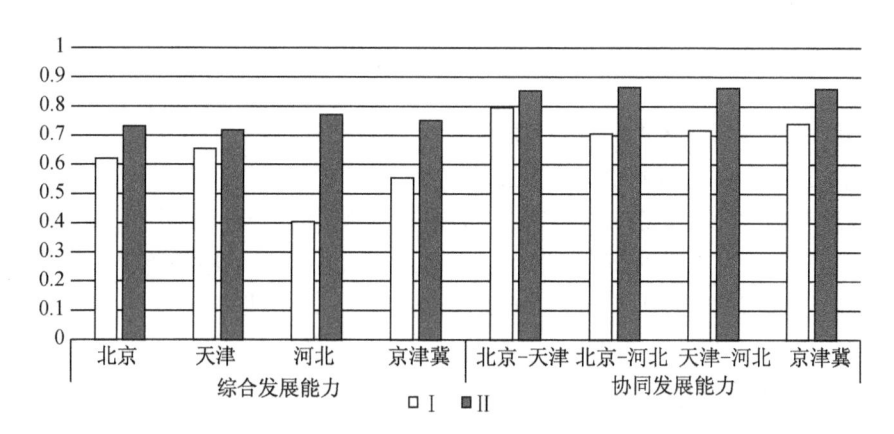

图 7.2 综合维度视角下京津冀地区的综合发展能力及其协同发展能力

根据图7.2,从综合维度视角看,自京津冀协同发展实践开展以来,第Ⅱ阶段与第Ⅰ阶段相比,京津冀协同发展成效表现为:

① 京津冀地区的综合发展能力呈现快速增长态势。其中,河北增长最快,从0.405增至0.796,增长了近1倍。其次为京津冀整体,从0.555增至0.770,增长了38.74%。北京从0.619增至0.746,增长了20.52%。天津增长最慢,从0.653增至0.737,增长了12.86%。

② 京津冀地区协同发展能力增长态势呈现较大差异。其中,北京-河北的协同发展能力增长最快,从0.707增至0.878,增长了24.19%。其次为天津-河北的协同发展能力增长较快,从0.717增至0.875,增长了22.04%。而北京-天津的协同发展能力增长较慢,从0.797增至0.861,仅增长了8.03%。总的来

看,京津冀整体的协同发展能力较强,从0.74增至0.871,增长了17.70%。

7.5 结论与对策建议

7.5.1 结论

首先,针对京津冀地区发展现状,2010—2018年,京津冀科技创新、经济与社会发展水平显著,但生态改善水平不佳。其中,科技创新方面,北京和河北科技创新发展呈持续向好态势且发展结果均较好,天津前期科技创新发展动力强劲,发展速度较快,后期发展水平略有下降。经济发展方面,北京和河北呈持续向好的态势且发展结果均较好;天津经济发展势头强劲,经济发展速度较快,后期发展水平略有下降。社会发展方面,北京、天津和河北总体呈稳中向好的态势,北京前期社会发展水平较高,天津和河北后期发展速度较快,但河北社会发展最终结果最优。生态发展方面,北京生态建设过程和结果最好,河北次之,天津最差。

其次,针对京津冀地区科技-经济-社会-生态耦合协调发展现状,科技-经济系统下,京津冀耦合协调度大小呈递增趋势,京津冀科技创新由制约经济发展向推动经济发展转变;北京、天津比河北提前步入科技创新与经济的"优质协调"发展阶段。科技-社会系统下,京津冀耦合协调度大小总体呈递增趋势,科技创新由制约社会治理向推动社会治理转变;天津、河北比北京提前步入科技创新与社会的"优质协调"发展阶段。科技-生态系统下,京津冀耦合协调度大小总体呈"先上升、后下降"趋势,科技创新由制约生态建设向影响生态建设转变;北京、天津比河北提前步入科技创新与生态的"良好协调"发展阶段。京津冀地区科技-经济-社会-生态整体耦合协调发展主要受科技-经济系统、科技-社会系统的正向拉动和科技-生态系统的负向抑制作用。即科技-生态维度已成为制约京津冀地区内部耦合协调能力提升的短板。

然后,针对京津冀地区局部协同发展现状,科技维度下,综合协同发展水平和相对发展水平来看,北京、天津两地之间科技创新发展水平趋近,北京-天津协同度较高且相对发展较均衡,而河北虽然受北京、天津技术溢出和辐射带动作用,科技创新水平提升较快,但河北与北京、天津科技创新水平的差距延缓了北京-河北和天津-河北协同发展步伐,导致北京-河北、天津-河北的低协同与失衡发展,从而影响了京津冀内部科技创新的协同发展。经济维度下,综合协同发展水平和相对发展水平来看,北京、天津和河北三地之间经济发展水平趋近,相对发展较均衡,区域经济一体化成效显著。社会维度下,综合协同发展水平和相对发展水平来看,北京-天津协同度较高且相对发展较均衡,而河北社会治理水平和速度总体发展缓慢,导致北京-河北、天津-河北社会协同发展优势不明显,从而延缓了京津冀内部社会治理的协同。生态维度下,综合协同发展水平和相对发展水平来看,北京-天津协同度较高且相对发展较均衡,河北生态建设水平不足,导致北京-河北、天津-河北未能达到良性的协同互动关系,从而延缓了京津冀内部生态改善的协同。根据京津冀地区不同维度协同发展水平来看,河北已成为制约京津冀地区协同发展水平提升的短板。

最后,针对京津冀地区协同发展能力现状,京津冀各地区之间的协同发展能力存在一定差距。其中,北京-河北的协同发展能力增长最快,其次为天津-河北,而北京-天津的协同发展能力增长较慢,总的来看,京津冀整体的协同发展能力较强。

7.5.2 主要问题

研究表明,京津冀地区科技-生态系统的低耦合和失衡发展已成为影响科技-经济-社会-生态耦合协调发展的不利因素,即科技-生态维度已成为制约京津冀地区科技-经济-社会-生态耦合协调能力提升的短板。由京津冀地区局部协同发展水平评价结果可知,河北与北京、天津科技创新水平的差距,河北社会治理水平和速度的缓慢发展,河北生态建设水平的不足,延缓了北京-河北和天津-河北协同发展的步伐,从而抑制了京津冀整体协同发展,即河北已成为制约京津冀地区协同发展水平提升的关键短板。在京津冀地区科技-经济-社会-生态耦合协调发展和京津冀地区局部协同发展的综合作用下,京津冀地区整体协同发展能力呈现出北京-天津最高,北京-河北、天津-河北相近的局面。由于科技、经济、社会和生态维度通过作用于各地区科技-经济-社会-生态耦合协调发展水平,最终对京津冀地区整体协同发展能力产生影响。因此,可从京津冀地区各个维度的发展现状,明晰制约京津冀地区协同发展进程的主要原因,包括4个方面:

首先,针对京津冀地区科技创新现状,①科技创新环境方面,北京地方财政科学技术支出中后期投入力度不足,河北地方财政科学技术支出投入力度持续低下;②科技创新产出方面,天津国内专利申请受理数基数小、产出不足;③科技创新成效方面,北京高技术产业新产品销售收入不稳定、结果不理想,天津高技术产业新产品销售收入先升后降,后期效果不佳,河北技术市场成交额度小、创新成效低迷。

其次,针对京津冀地区经济发展现状,①经济规模方面,北京、天津和河北

GDP 增速总体下滑;②经济结构方面,北京、天津和河北第三产业产值占 GDP 比重提升较慢。

然后,针对京津冀地区社会治理现状,①民生改善方面,北京、河北城镇登记失业率后期略有上升;②教育治理方面,北京普通高等学校招生数后期略有下降、普通高校生师比不稳定,天津普通高校生师比持续下降、地方财政教育支出后期投入降低,河北普通高等学校招生数中期大幅下降、普通高校生师比较低。

最后,针对京津冀地区生态建设现状,①资源消耗方面,北京、天津和河北能源消费量总体不断上升;②生态保护方面,北京、天津和河北森林覆盖率、森林蓄积量未发生显著变化;③环境治理方面,北京、天津和河北废水排放总量、化学需氧量和氨氮排放量中后期不断升高。

7.5.3 对策建议

为加快推进京津冀高质量协同发展,本项研究将从以下两方面提出对策建议:其一,从京津冀地区不同维度的相关指标入手,提出提高京津冀地区科技、经济、社会和生态维度发展能力,推动京津冀地区科技-经济-社会-生态耦合协调发展的对策建议,从而促进京津冀整体协同发展能力的提升。

1) 营造良好科技创新环境,提升科技创新成效

河北虽然受北京、天津技术溢出和辐射带动作用,科技创新维度的治理绩效增长较快,但河北与北京、天津科技创新维度治理绩效的差距延缓了北京-河北和天津-河北协同发展进程。北京、河北高技术产业新产品销售收入分别表现增长幅度小、波动性大且呈下降态势;天津、河北国内专利申请受理数量少;河北地方财政科技支出持续低下且有所下降、每万人口专利拥有量少、技术市场成交额小、创新成效低。因此,亟须提高京津冀地区科技创新维度的治理效能,具体措施包括:

加快推进京津冀地区科技体制改革,加大高技术产业开放度,引进具有高技术含量的外商投资,通过二次创新不断增强高技术产业新产品创新能力,提高新产品销售收入;通过中央与地方政府财政补贴、项目扶持等方式,吸引优质企业和科研机构入驻津冀,通过知识外溢带动津冀科技创新;推动京津冀政产学研深度融合,打造科研成果转化平台,加快促进京津冀科技成果转化,提升科技创新成效;完善河北地方政府政绩考核体系,加大科技指标权重,增加地方财政科技支出比例。

2) 加快经济结构转型升级,推动经济高质量发展

京津冀地区经济发展维度的治理绩效增速趋于一致,相对发展较均衡,但津

冀产业结构高级化程度低、工业化进程相对滞后。京、津、冀分别处于后工业化时期、工业化后期、工业化中期，GDP增速总体下降，第三产业产值占比差异显著，分别为80%以上、60%左右、低于50%。因此，亟须提高京津冀地区经济发展维度的治理效能，具体措施包括：

加快推进京津冀地区经济体制改革，推动高技术含量、高附加值产业发展，促进京津冀地区经济由高速增长转向高质量稳定增长；打造津冀非首都功能承接平台，疏解非首都功能产业，扶持发展符合首都功能定位的高端产业；以供给侧结构性改革为导向，加速推动津冀经济结构转型升级，推进制造业与服务业的深度融合，提高津冀第三产业产值占比。

3) 持续推进民生改善与教育治理，完善社会保障体系

河北社会保障维度治理绩效的增长速度总体缓慢，导致北京-河北、天津-河北社会协同发展优势不显著，京津冀地区社会保障体系亟待完善。天津、河北的城镇登记失业率虽有所下降，但仍处于较高水平；河北城镇职工基本医疗保险覆盖率极低，城乡居民人均储蓄存款、地方财政人均教育支出远低于北京、天津；北京普通高等学校招生数持续下降；天津普通高校生师比持续上升、地方财政教育支出有所下降。因此，亟须提高京津冀地区社会保障维度的治理效能，具体措施包括：

深入实施就业优先战略，加大援企稳岗实施力度，促进京津冀地区农村劳动力转移就业和农民工返乡创业，降低津冀城镇登记失业率，保持就业局势稳定；逐步完善基本医疗保险制度，提高津冀城镇职工基本医疗保险覆盖率；引导河北城乡居民合理消费，提高城乡居民储蓄存款；充分发挥北京普通高校集聚优势，着力扩大紧缺专业招生规模、引进海内外优秀人才，实现招生规模与高校师资力量"齐头并进"；规范中央与地方教育财政事权与支出责任划分，提高津冀地方财政教育支出。

4) 严守生态红线，实现从局部向全面生态盈余转变

京津冀地区生态建设维度的治理绩效相对较低，治理能力总体不足，导致北京-河北、天津-河北未形成良好的协同互动关系。京津冀地区能源消耗总量持续增长；森林覆盖率、森林蓄积量未得到显著改善；废水排放总量、化学需氧量排放量、氨氮排放量等环境污染排放虽达到顶峰，但地区差异显著，津冀仍处于较高水平。因此，亟须提高京津冀地区生态建设维度的治理效能，具体措施包括：

强化京津冀地区能源消耗总量与强度"双控行动"，深化落实"煤改气"、"煤改电"和燃煤脱硫等举措，降低高污染、高消耗产业结构占比，加快实现能源消耗与经济发展"脱钩"；加大林业投资力度，促进林业生态保护与修复，持续推进京

津风沙源治理、自然保护区建设等林业重点工程,增加造林面积,扩大森林覆盖率和森林蓄积量;关闭或转移高耗水和高污染的化工、食品和造纸等行业,积极发展高新技术产业,进行清洁生产改造、污水处理工艺改进,提高企业污水排放水质要求,加速降低京津冀废水排放总量、化学需氧量排放量和氨氮排放量。

5)加快推动创新驱动发展战略实施,积极响应第四次工业革命

总体来看,"科技-生态"维度成为制约京津冀地区治理效能提升的短板。生态建设维度仍是影响京津冀地区协同发展成效的关键。为加快推进京津冀高质量协同发展,关键是补短板。因此,亟须加快推动创新驱动发展战略实施,增强京津冀地区科技支撑能力,加强京津冀地区生态建设,大幅度提高资源生产率、降低污染排放,以积极响应第四次工业革命。具体措施包括:

持续推进京津冀"蓝天""碧水""净土"三大行动计划的实施,推动京津冀污染联防联控,以科技手段突破生态治理难题。重点在大气污染治理、废水处理、土壤和生态修复、废弃物资源化、工业节能、环保服务业6个方向,加强先进适用技术研发,构建市场导向的绿色技术创新体系,提升大气污染防治、水资源保护与利用、土壤污染治理和生态修复等领域技术供给能力;着力突破城市大气复合污染现象机理及防治等基础研究与前沿技术,重点支持大气污染治理关键技术及产品与环境质量保障机制与方法等理论与技术,建立健全大气环境保护和污染物排放标准体系;重点发展工业废水深度处理、工业节能回收利用等技术;组织实施重大科技成果转化专项,推动一批成熟科技成果在重点污染源治理工程中的落地应用。

参考文献

[1] 程叶青,王哲野,马靖.中国区域创新的时空动态分析[J].地理学报,2014,69(12):1779-1789.

[2] 谭俊涛,张平宇,李静.中国区域创新绩效时空演变特征及其影响因素研究[J].地理科学,2016,36(1):39-46.

[3] 王春杨,张超.中国地级区域创新产出的时空模式研究——基于ESDA的实证[J].地理科学,2014,34(12):1438-1444.

[4] 潘雄锋,艾博薇,明杨.中国区域间技术创新的空间溢出效应研究[J].运筹与管理,2019,28(7):118-124.

[5] 周灵玥,彭华涛.中心城市对城市群协同创新效应影响的比较[J].统计与决策,2019,35(11):98-101.

[6] 王蓓,刘卫东,陆大道.中国大都市区科技资源配置效率研究——以京津冀、长三角和珠

三角地区为例[J].地理科学进展,2011,30(10):1233-1239.
[7] 席增雷,袁青川,徐伟.基于Malmquist-TFP模型的京津冀地区科技创新经济效率评价[J].宏观经济研究,2018(7):132-140.
[8] 孙瑜康,李国平.京津冀协同创新水平评价及提升对策研究[J].地理科学进展,2017,36(1):78-86.
[9] 王聪,朱先奇,刘玎琳,等.京津冀协同发展中科技资源配置效率研究——基于超效率DEA-面板Tobit两阶段法[J].科技进步与对策,2017,34(19):47-52.
[10] 仵凤清,高利岩,陈飞宇.京津冀科技梯度测度研究[J].企业经济,2013,32(2):171-176.
[11] 崔志新,陈耀.区域技术协同创新效率测度及其演变特征研究——以京津冀和长三角区域为例[J].当代经济管理,2019,41(3):61-66.
[12] 李琳,刘莹.中国区域经济协同发展的驱动因素——基于哈肯模型的分阶段实证研究[J].地理研究,2014,33(9):1603-1616.
[13] 赵艾.区域经济发展的守正与创新[J].区域经济评论,2020(1):4-7+2.
[14] 中国人民银行营业管理部课题组,杨伟中.中国三大城市群城市经济引力测度及对京津冀协同发展的启示[J].金融论坛,2019,24(4):71-80.
[15] 张占斌.京津冀协同发展的重大战略意义[J].环境保护,2014,42(17):18-20.
[16] 薄文广,陈飞.京津冀协同发展:挑战与困境[J].南开学报(哲学社会科学版),2015(1):110-118.
[17] 孙久文.京津冀协同发展的目标、任务与实施路径[J].经济社会体制比较,2016(3):5-9.
[18] 孙久文,姚鹏.京津冀产业空间转移、地区专业化与协同发展——基于新经济地理学的分析框架[J].南开学报(哲学社会科学版),2015(1):81-89.
[19] 魏丽华.建国以来京津冀协同发展的历史脉络与阶段性特征[J].深圳大学学报(人文社会科学版),2016,33(6):143-150.
[20] 陈宏,杨柳.京津冀区域经济一体化问题研究[J].现代管理科学,2016(9):78-80.
[21] 刘浩,马琳,李国平.1990s以来京津冀地区经济发展失衡格局的时空演化[J].地理研究,2016,35(3):471-481.
[22] 程慧,赵建华.京津冀区域经济一体化现状、障碍及突破[J].人民论坛,2014(29):95-97.
[23] 崔冬初,宋之杰.京津冀区域经济一体化中存在的问题及对策[J].经济纵横,2012(5):75-78.
[24] 郭平,刘贵芬.基于协同视角下我国区域内社会事业发展差异的衡量——以三大区域内有代表性的省份为例[J].湖湘论坛,2014,27(1):58-63.
[25] 谢延智.开创京津冀社会工作协同发展新时代[J].中国社会工作,2017(34):18-19.
[26] 周波,张文玲,张国栋,等.京津冀社会保障区域一体化研究[J].知识经济,2017(24):23.
[27] 河北省发展和改革委员会宏观经济研究所课题组,陈志国.促进京津冀基本公共服务均等化研究[J].经济研究参考,2018(15):55-64.

[28] 王春蕊.京津冀协同发展战略下人口流动的影响及对策研究[J].经济研究参考,2016(64):46-49.

[29] 李旭.京津冀区域高校联盟建设的现状、困境与对策[J].高等教育研究,2018,39(6):42-50.

[30] 郑琛,董武.脆弱性视角下京津冀应急联动机制研究[J].天津行政学院学报,2018,20(4):36-42.

[31] 田学斌,陈艺丹.京津冀基本公共服务均等化的特征分异和趋势[J].经济与管理,2019,33(6):7-15.

[32] 李冬.京津冀地区公共服务质量评价[J].地域研究与开发,2018,37(2):52-57.

[33] 武义青,赵建强.区域基本公共服务一体化水平测度——以京津冀和长三角地区为例[J].经济与管理,2017,31(4):11-16.

[34] 姜溪,刘瑛莹.京津冀公共服务均等化研究[J].商业经济研究,2017(3):211-213.

[35] 鲁继通.京津冀基本公共服务均等化:症结障碍与对策措施[J].地方财政研究,2015(9):70-75.

[36] 颜烨.从"环首都经济圈"到"环首都经济社会圈"——京津冀一体化协同发展与京畿地区社会治理[J].石家庄学院学报,2014,16(5):103-106.

[37] 贾珊珊,杨菲,冯振环.区域社会系统脆弱性评价——以京津冀都市圈为例[J].商业时代,2014(32):131-132.

[38] 把增强,王连芳.京津冀生态环境建设:现状、问题与应对[J].石家庄铁道大学学报(社会科学版),2015,9(4):1-5.

[39] 张予,刘某承,白艳莹,等.京津冀生态合作的现状、问题与机制建设[J].资源科学,2015,37(8):1529-1535.

[40] 张治江.生态建设:京津冀协同发展亟须突破的瓶颈[J].中国党政干部论坛,2014(11):69-71.

[41] 秦静,周立群,贾凤伶.京津冀协同发展下生态保护与经济发展的困境——基于天津生态红线的思考[J].理论与现代化,2015(5):25-30.

[42] 余茹,成金华.基于AHP-Fuzzy模型的京津冀生态文明评价:13个城市的面板数据研究[J].地域研究与开发,2019,38(6):11-15.

[43] 孟雪,狄乾斌,季建文.京津冀城市群生态绩效水平测度及影响因素[J].经济地理,2020,40(1):181-186.

[44] 申伟宁,夏梓莹,姚东来,等.京津冀生态环境治理的制约因素与协同机制研究[J].华北理工大学学报(社会科学版),2020(3):71-76.

[45] 于晶晶.京津冀区域生态环境多元治理体系构建[J].河北经贸大学学报(综合版),2020,20(2):10-14.

[46] 刘明,张佳欢,尹凡.京津冀区域环境协调发展的问题与对策[J].河北省科学院学报,2019,36(4):77-81.

[47] 潘梅,陈天伟,黄麟,等.京津冀地区生态系统服务时空变化及驱动因素[J]生态学报, 2020(15):5151-5167.

[48] 任宇飞,方创琳.京津冀城市群县域尺度生态效率评价及空间格局分析[J].地理科学进展,2017,36(1):87-98.

[49] 文先明,王策,熊鹰,等.湖南省新型城镇化与金融支持的耦合协调发展[J].经济地理,2019,39(7):96-105.

[50] 叶堂林,毛若冲.京津冀科技创新与产业结构升级耦合[J].首都经济贸易大学学报, 2019,21(6):68-79.

[51] 刘玉凤,高良谋.京津冀城市群经济与环境的耦合协调发展及时空演化分析[J].统计与决策,2019,35(10):134-137.

[52] 王莎,童磊,贺玉德.京津冀产业结构与生态环境交互耦合关系的定量测度[J].软科学, 2019,33(3):75-79.

[53] 贺三维,邵玺.京津冀地区人口-土地-经济城镇化空间集聚及耦合协调发展研究[J].经济地理,2018,38(1):95-102.

[54] 周京奎,王文波,张彦彦."产业-交通-环境"耦合协调发展的时空演变——以京津冀城市群为例[J].华东师范大学学报(哲学社会科学版),2019,51(5):118-134+240.

[55] 王淑佳,任亮,孔伟,等.京津冀区域生态环境-经济-新型城镇化协调发展研究[J].华东经济管理,2018,32(10):61-69.

[56] 吴丹,曹思奇,冀晨辉."十二五"期间京津冀协同发展评价体系研究[M].南京:河海大学出版社,2018.

[57] Kim EBWB, Yeung Y M, Choe S C. Collaborative Regional Development in Northeast Asia[M]. Hongkong: The Chinese University of Hong Kong Press, 2011.

[58] Prasad A, Finau G, Samuwai J, et al. Regional integration 2.0: Facilitating regional integration and development with collaborative technologies[J]. Australasian Conference on Information Systems, 2012:1-11.

[59] Prasad A, Finau G, Samuwai J, et al. On facilitating regional integration and economic development with collaborative technologies in the South Pacific[J]. Pacific Asia Journal of the Association for Information Systems, 2013(5):23-37.

[60] Svensson P. Exploiting Science: An In-depth Study of a Regional Collaborative Development Strategy[J]. Research Gate, 2010(1):1-22.

[61] Mănescu G, Kifor C. The Clusters—Collaborative Models of Sustainable Regional Development[J]. Acta Universitatis Cibiniensis,2015, 65(1):58-63.

第八章
京津冀经济发展与能源消耗脱钩评价研究

京津冀地区人口快速增长与经济高速发展,引起能源大量消耗和环境污染问题,严重制约京津冀地区经济高质量发展。对京津冀地区经济发展与能源消耗脱钩评价与展望,有利于为京津冀地区相关管理部门加快制定摆脱京津冀经济发展与能源消耗相互依赖的政策措施提供支撑作用。鉴于此,首先借鉴OECD构建的脱钩判别框架,基于驱动力-压力-响应分析视角,构建双控行动下京津冀经济发展与能源消耗脱钩评价模式。并采用Tapio弹性系数法,动态评价不同规划期京津冀地区经济发展与能源消耗的脱钩态势。其次,采用完全分解模型,进行京津冀地区不同产业能源消耗脱钩的驱动效应分解,深度解析京津冀地区能源消耗脱钩的驱动机制。最后,建立Logistic回归预测模型,对京津冀能源消耗进行预测与展望,并提出相应的对策建议,为京津冀政府管理部门加快实现京津冀地区经济发展能源消耗脱钩提供决策支撑。

8.1 引言

随着我国城镇化与工业化进程的加速,能源消耗持续增长、能耗综合效率不高等问题较为凸显。为优化我国能源系统、破解能耗需求不断增长的难题,党的十八届五中全会明确提出实行能源消耗总量和强度"双控"行动。"十三五"时期,国家部委相继出台实施了《能源发展"十三五"规划》《"十三五"节能减排综合工作方案》等政策举措,力保实现节能减排目标。2019年6月,英国石油公司发布的《BP世界能源统计年鉴2019》指出,2018年中国、美国和印度能源需求增长之和占全球能源需求增长的2/3以上,中国一次能源增长的贡献高达34%,位居全球首位。我国节能减排形势严峻,如何加快实现经济发展与能源消耗脱钩,推动经济高质量发展,成为国家政府管理部门和学者们高度关注的学术热点。党的十九届五中全会明确了"十四五"经济社会发展主要目标,重点提出生态文明建设实现新进步,生产生活方式绿色转型成效显著,能源资源配置更加合理、利用效率大幅提高,主要污染物排放总量持续减少。国家"十四五"规划提出构建现代能源体系,建设清洁低碳、安全高效的能源体系,提高能源供给保障能力;明确了我国二氧化碳排放力争 2030 年前达到峰值,力争 2060 年前实现碳中和的目标。国家发展战略规划为加快实现我国经济发展与能源消耗脱钩提供了重要的战略支撑。

京津冀地区作为推动我国经济社会发展的重要引擎之一,京津冀能耗总量占全国能耗总量的比重超过 10%,是我国能耗需求增长的重要组成部分。京津冀协同发展战略实施背景下,加快产业转型升级、强化能耗总量与强度双控行动,成为京津冀政府管理部门和学者们高度关注的重点领域。2017 年 11 月,京津冀地区发改委联合研究制定并发布《京津冀能源协同发展行动计划(2017—2020 年)》,提出了强化能源战略、设施、治理、绿色发展、管理、创新、市场、政策"八大协同"重点任务,充分凸显了京津冀政府管理部门对京津冀能耗需求重大挑战的积极响应。强化京津冀地区双控行动,倒逼产业结构调整,严控能源消耗总量,提升能源消耗效率,实现京津冀地区经济发展与能源消耗"脱钩",已成为京津冀政府管理部门和学者们高度关注的学术热点和研究领域。

20 世纪 60 年代,全球首次提出"经济发展与资源环境脱钩"热点问题[1]。并于 20 世纪末明确了"提高资源利用效率,降低资源投入占经济产出比重,实现资源消耗与经济增长脱钩,推进可持续发展"这一重要论断[2-3],从而打破"资源消耗"和"经济财富"之间的联系[4-5]。进入 21 世纪以来,能源消耗利用与经济增长脱钩问题引起了世界各国政府部门和学者的广泛关注。推进节能型社会建设、实现绿色增长成为全球共识。目前,国内外经济发展与能源消耗的脱钩研究逐渐趋于成熟、脱钩理论体系逐步完善,形成经典的 OECD 脱钩判别框架[6];划分了脱钩、负脱钩和连结 3 种脱钩类型,并细分为 8 类脱钩态势[7-8]。立足于各国国情,国内外研究机构与学术界建立了 Tapio 脱钩模型法、IPAT 脱钩指数法、IGT 方程模型法、弹性系数法等脱钩评价方法[9-13],开展经济发展与能源消耗脱钩关系的定量研究。如 Kraft、Paul 等[10-13]构建了能耗、碳排放脱钩指标,分别验证了美国、印度、西班牙和欧盟成员国经济发展与能源消耗的长时期脱钩关系。研究表明,尽管美国、英国、日本等发达国家在积极采取节能减排政策措施、严控能源消耗总量和提高能效基础上,于 2000 年以前均实现了经济发展与能源消耗弱脱钩,但仍未形成稳定的脱钩关系。

现有文献和实践研究成果为中国开展经济发展与能源消耗脱钩评价提供了

宝贵经验。借鉴脱钩理论与国际经验,我国学者围绕工业化、城镇化与能源碳排放等视角,对国家和地区层面经济发展与能源消耗脱钩问题进行了深入探索,并取得了一批重要研究成果[14-24]。研究表明,经济发展与能源消耗脱钩,同时受到经济发展、技术进步、能源消耗控制利用和能源政策举措的影响,是人均GDP等经济社会发展指标达到一定水平的必然结果,主要表现为约束型与自由型两种脱钩模式,涉及技术进步、需求结构、行业间需求结构等驱动因素,其关键驱动力在于节能型技术进步、产业结构优化、行业与整体能耗效率提升。不同行业生产能源消耗的脱钩效应主要体现为真实节能效应、资源配置效应和结构调整与疏解效应。目前,中国经济发展进程中产业能耗呈现较稳定的弱脱钩状态,中国能源消耗总量正逐步从弱脱钩转变为强脱钩阶段。在遵循国家经济社会发展规律的前提下,通过国家发展战略规划引导和强化双控行动,2030年前中国将加快实现经济发展与能源消耗的绝对脱钩。

在京津冀协同发展重大国家战略背景下,近五年京津冀地区经济发展与能源消耗脱钩问题逐渐引起学术界关注。其中,郭轲等[25]运用协整分析与状态空间模型,实证分析了1980—2012年京津冀地区能源消费与经济增长之间存在长期均衡关系,且互为因果;能源的高投入对经济增长的推动作用明显,同时,能源弹性变化受经济发展政策的影响较大。陈欢等[26-27]探讨了1998—2015年京津冀地区的能源碳排放与经济增长一直呈现弱脱钩状态,与实现强脱钩存在差距。何音等[28]定量综合分析了2000—2013年京津冀环境资源与经济增长的时空演变与脱钩程度,明确2009年后脱钩指数有所减弱,但环境资源压力依然存在。汪泽波[29]运用结构向量自回归模型,实证分析了京津冀三地能源消费对城镇化率冲击的响应特征,北京为正向响应,天津为负向响应且中长期趋于稳定,河北表现为滞后3期后"先负后正"的周期作用。王仲瑀[30]运用LYQ脱钩模型和Granger因果关系检验模型,实证分析了1995—2014年京津冀地区碳排放与经济增长以弱脱钩状态为主,能源消费与碳排放存在双向因果关系,但经济增长与能源消费、碳排放之间分别存在单向因果关系。王凤婷等[31]运用脱钩模型和LMDI模型,评价分析了1996—2017年京津冀三地产业能源碳排放与经济增长由弱脱钩转变为强脱钩关系,碳排放强度和能耗强度成为有效抑制碳排放的主要因素。王凤云等[32-33]运用探索性空间数据分析法和固定效应回归模型,研究得出京津冀能源强度在整体上未体现显著的空间相关性,能源强度与产业结构、技术进步、产权安排呈显著的正相关关系,与投资、政府调控呈显著的负相关关系。第三产业发展对京津冀地区能耗结构具有显著优化作用,能源价格对京津冀能耗结构优化的市场化引导作用不显著。

梳理文献可知,目前京津冀经济发展与能源消耗脱钩评价存在一些不足：①从研究方法看,现有成果主要依据经典的 OECD 脱钩判别框架,结合经济产值和能源消耗总量两个指标,进行能耗脱钩评价。但脱钩评价模式没有凸显双控行动的导向性作用。实践中,京津冀地区能耗脱钩评价应积极响应双控行动方案,结合人均产值、能耗总量与能耗强度三个指标,构建双控行动下经济发展与能源消耗脱钩评价模式,判别京津冀地区经济发展与能源消耗的脱钩态势。②从研究视角看,现有成果主要围绕 1998—2015 年京津冀地区能源消耗总量脱钩、1996—2017 年京津冀三地产业能源消耗脱钩问题进行探索,侧重于将能源消耗作为影响碳排放的中间变量间接引入分解模型,对经济发展与能源碳排放脱钩的驱动因素进行分析。但不同产业的能源消耗脱钩机制不尽相同。实践中,应将能源消耗总量、不同产业能源消耗进行统筹考虑,动态评价不同规划期京津冀地区及其产业能源消耗的脱钩态势。并通过不同产业能源消耗脱钩的驱动效应分解,全面解析京津冀地区能源消耗脱钩的驱动机制。

鉴于此,围绕京津冀地区及其产业的经济发展与能源消耗变化,首先借鉴 OECD 构建的脱钩判别框架,基于驱动力-压力-响应分析视角,构建双控行动下京津冀经济发展与能源消耗脱钩评价模式。并采用 Tapio 弹性系数法,动态评价不同规划期京津冀地区经济发展与能源消耗的脱钩态势。其次,采用完全分解模型,进行京津冀地区不同产业能源消耗脱钩的驱动效应分解,深度解析京津冀地区能源消耗脱钩的驱动机制。最后,建立 Logistic 回归预测模型,对京津冀能源消耗进行预测与展望,并提出相应的对策建议,为京津冀政府管理部门加快实现京津冀地区经济发展能源消耗脱钩提供决策支撑。

8.2 研究方法设计

8.2.1 经济发展与能源消耗脱钩评价模式

借鉴 OECD 构建的脱钩判别框架[4],将京津冀地区的人均产值、能源消耗总量、能源消耗强度分别作为驱动力指标、压力状态指标、响应状态指标,基于驱动力-压力-响应分析视角,构建双控行动下经济发展与能源消耗脱钩评价模式,确定京津冀地区经济发展与能源消耗的脱钩弹性系数,判别京津冀地区经济发展与能源消耗的脱钩态势(见表 8.1)。

表8.1 双控行动下经济发展与能源消耗脱钩评价模式

人均产值变化	双控行动指标变化		脱钩弹性系数	脱钩态势
	能源消耗总量控制变化	能源消耗强度控制变化		
增长	减少	提高	<0	强脱钩
增长	增加	提高	(0,0.8)	弱脱钩
减少	减少	提高	>1.2	衰退性脱钩
减少	增加	降低	<0	强负脱钩
减少	减少	降低	(0,0.8)	弱负脱钩
增长	增加	降低	>1.2	扩张性负脱钩
增长	增加	—	(0.8,1.2)	增长连结
减少	减少	—	(0.8,1.2)	衰退性连结

表8.1中,采用Tapio弹性系数法,确定京津冀地区及产业经济发展与能源消耗的脱钩弹性系数,可用公式表示为

$$\begin{cases} T_i^{t_1} = \dfrac{\Delta E_i^{t_1}/E_i^{t_0}}{\Delta G_i^{t_1}/G_i^{t_0}} \\ T_{ij}^{t_1} = \dfrac{\Delta E_{ij}^{t_1}/E_{ij}^{t_0}}{\Delta G_{ij}^{t_1}/G_{ij}^{t_0}} \end{cases} \quad (8.1)$$

式(8.1)中,$T_i^{t_1}$表示第t_1时期京津冀第i地区经济发展与能源消耗的脱钩弹性系数($i=1,2,3,4$分别代表北京、天津、河北和京津冀整体)。其中,$\Delta E_i^{t_1}$表示第t_1时期相对于第t_0时期,京津冀第i地区的能源消耗总量增长变化;$E_i^{t_0}$表示第t_0时期京津冀第i地区的能源消耗总量;$\Delta G_i^{t_1}$表示第t_1时期相对于第t_0时期,京津冀第i地区的经济产值变化;$G_i^{t_0}$表示第t_0时期京津冀第i地区的经济总产值。$T_{ij}^{t_1}$表示第t_1时期京津冀第i地区第j产业经济发展与能源消耗的脱钩弹性系数($j=1,2,3$分别代表第一、二、三产业)。其中,$\Delta E_{ij}^{t_1}$表示第t_1时期相对于第t_0时期,京津冀第i地区第j产业的能源消耗量增长变化;$E_{ij}^{t_0}$表示第t_0时期京津冀第i地区第j产业的能源消耗量;$\Delta G_{ij}^{t_1}$表示第t_1时期相对于第t_0时期,京津冀第i地区第j产业的经济增加值变化;$G_{ij}^{t_0}$表示第t_0时期京津冀第i地区第j产业的经济增加值。

8.2.2 经济发展与能源消耗脱钩的驱动效应分解模型

1) 地区能源消耗总量变化的行业分解

在构建双控行动下经济发展与能源消耗脱钩评价模式基础上,对京津冀地区第 t_1 时期第 i 地区的能源消耗总量增长变化进行行业分解,可用公式表示为

$$\Delta E_i^{t_1} = \sum_{j=1}^{3} \Delta E_{ij}^{t_1} = \sum_{j=1}^{3} (E_{ij}^{t_1} - E_{ij}^{t_0})$$

$$= \sum_{j=1}^{3} \left[G_i^{t_1} \cdot \frac{G_{ij}^{t_1}}{G_i^{t_1}} \cdot EG_{ij}^{t_1} - G_i^{t_0} \cdot \frac{G_{ij}^{t_0}}{G_i^{t_0}} \cdot EG_{ij}^{t_0} \right] \tag{8.2}$$

式(8.2)中,$\Delta E_i^{t_1}$ 表示第 t_1 时期相对于第 t_0 时期,京津冀第 i 地区的能源消耗总量增长变化;$\Delta E_{ij}^{t_1}$ 表示第 t_1 时期相对于第 t_0 时期,京津冀第 i 地区第 j 产业的能源消耗量增长变化;$E_{ij}^{t_1}$、$E_{ij}^{t_0}$ 分别表示第 t_1 时期、第 t_0 时期京津冀第 i 地区第 j 产业的能源消耗量;$G_i^{t_1}$、$G_i^{t_0}$ 分别表示第 t_1 时期、第 t_0 时期京津冀第 i 地区的经济总产值;$G_{ij}^{t_1}$、$G_{ij}^{t_0}$ 分别表示第 t_1 时期、第 t_0 时期京津冀第 i 地区第 j 产业的经济增加值;$\frac{G_{ij}^{t_1}}{G_i^{t_1}}$、$\frac{G_{ij}^{t_0}}{G_i^{t_0}}$ 分别表示第 t_1 时期、第 t_0 时期京津冀第 i 地区第 j 产业的经济增加值占经济总产值的比重(即产业结构占比);$EG_{ij}^{t_1}$、$EG_{ij}^{t_0}$ 分别表示第 t_1 时期、第 t_0 时期京津冀第 i 地区第 j 产业的万元增加值能耗(即能耗强度)。

2) 产业能源消耗脱钩的驱动效应分解

根据式(8.2)可知,京津冀地区不同产业的能源消耗量变化主要受到产业经济增加值、产业结构与能耗强度的变化影响。即京津冀地区不同产业能源消耗脱钩的驱动效应可分解为结构调整效应、技术进步效应。为此,确定京津冀第 i 地区第 j 产业能源消耗脱钩的结构调整效应、技术进步效应,可用公式表示为

$$\Delta E_{ij}^{t_1} = \Delta E_{ijs}^{t_1} + \Delta E_{ije}^{t_1}$$

$$\begin{cases} \Delta E_{ijs}^{t_1} = EG_{ij}^{t_0} \left[G_i^{t_1} \cdot \frac{G_{ij}^{t_1}}{G_i^{t_1}} - G_i^{t_0} \cdot \frac{G_{ij}^{t_0}}{G_i^{t_0}} \right] + \frac{1}{2}(EG_{ij}^{t_1} - EG_{ij}^{t_0}) \left[G_i^{t_1} \cdot \frac{G_{ij}^{t_1}}{G_i^{t_1}} - G_i^{t_0} \cdot \frac{G_{ij}^{t_0}}{G_i^{t_0}} \right] \\ \Delta E_{ije}^{t_1} = G_i^{t_0} \cdot \frac{G_{ij}^{t_0}}{G_i^{t_0}}(EG_{ij}^{t_1} - EG_{ij}^{t_0}) + \frac{1}{2}(EG_{ij}^{t_1} - EG_{ij}^{t_0}) \left[G_i^{t_1} \cdot \frac{G_{ij}^{t_1}}{G_i^{t_1}} - G_i^{t_0} \cdot \frac{G_{ij}^{t_0}}{G_i^{t_0}} \right] \end{cases}$$

$$\tag{8.3}$$

式(8.3)中,$\Delta E_{ijs}^{t_1}$ 表示第 t_1 时期相对于第 t_0 时期,京津冀第 i 地区第 j 产业

能源消耗量变化的结构调整效应,即产业结构调整导致的能源消耗量变化;ΔE_{ije}° 表示第 t_1 时期相对于第 t_0 时期,京津冀第 i 地区第 j 产业能源消耗量变化的技术进步效应,即产业技术进步引起能耗强度变化导致的能源消耗量变化。

综上,根据表 8.1 和式(8.1),动态对比评价不同时期京津冀地区经济发展与能源消耗脱钩态势。根据式(8.2)、式(8.3),通过不同时期京津冀地区不同产业能源消耗脱钩的驱动效应分解,全面解析京津冀地区经济发展与能源消耗脱钩的驱动机制。

采用文献检索法和调研法,收集京津冀地区及其不同产业的经济发展、能源消耗方面的政策和相关数据。本文的调研数据主要来源于《中国能源统计年鉴》《北京统计年鉴》《天津统计年鉴》《河北统计年鉴》。

8.3 实证研究

8.3.1 京津冀经济发展与能源消耗的脱钩态势评价

"八五"—"十三五"时期,伴随中国城镇化与工业化进程加速,京津冀地区加快经济结构调整与转型升级,第一、第二产业结构占比持续快速下降,第三产业结构占比持续快速上升(见图 8.1)。北京经济发展已进入后工业化时期,以第三产业为主。其中第一产业、第二产业结构占比均值分别从 6.3%、46.6% 降至 0.4%、19.0%,第三产业结构占比均值从 47.2% 升至 80.6%。天津经济发展已进入工业化后期,第三产业逐渐成为主导产业,但第二产业结构占比仍较高。其中第一、第二产业结构占比均值分别从 7.1%、56.7% 降至 1.0%、41.2%,第三

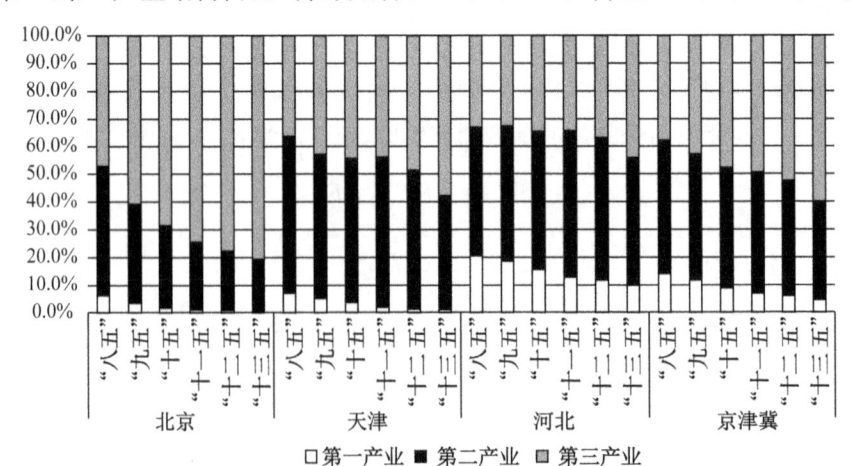

图 8.1 不同规划期京津冀地区经济结构变化

产业结构占比均值从36.2%升至57.7%。河北经济发展仍处于工业化中期,以第二产业为主,第二、第三产业同步发展。其中第一产业结构占比均值从20.6%降至9.8%,第二产业结构占比均值从"八五"时期的46.5%升至"十一五"时期的53.0%,随后降至"十三五"时期的46.2%,第三产业结构占比均值从32.9%升至44.0%。至"十三五"时期,第三产业结构占比均值仍未超过第二产业。

结合表8.1和式(8.1),评价不同时期京津冀地区经济发展与能源消耗脱钩态势,见表8.2。由表8.2可知:

表8.2 不同规划期京津冀地区经济发展与能源消耗脱钩态势评价结果

地区	规划期	人均GDP年均增长率(%)	能耗总量增长变化(万t)	能耗强度变化指数	脱钩弹性系数	脱钩态势
北京	"八五"	21.18	823.60	0.50	0.19	弱脱钩
	"九五"	13.98	610.70	0.61	0.19	
	"十五"	14.35	1 377.90	0.68	0.35	
	"十一五"	9.68	837.59	0.73	0.26	
	"十二五"	8.06	443.30	0.73	0.15	
	"十三五"	14.56	466.97	0.80	0.21	
天津	"八五"	23.75	577.38	0.45	0.15	弱脱钩
	"九五"	10.29	14.14	0.62	0.01	
	"十五"	17.11	942.71	0.62	0.31	
	"十一五"	13.65	2 363.89	0.88	0.75	
	"十二五"	8.53	2 277.09	0.92	0.77	
	"十三五"	7.12	−219.48	0.86	−0.21	强脱钩
河北	"八五"	24.92	2 768.19	0.48	0.22	弱脱钩
	"九五"	11.06	2 303.30	0.75	0.38	
	"十五"	14.34	8 640.28	0.91	0.81	
	"十一五"	14.17	6 365.42	0.68	0.34	
	"十二五"	7.20	3 193.95	0.79	0.29	
	"十三五"	7.11	1 087.76	0.87	0.20	

续表

地区	规划期	人均GDP年均增长率(%)	双控行动指标变化 能耗总量增长变化(万t)	双控行动指标变化 能耗强度变化指数	脱钩弹性系数	脱钩态势
京津冀	"八五"	23.96	4 169.17	0.47	0.20	弱脱钩
	"九五"	12.03	2 928.14	0.68	0.26	
	"十五"	15.28	10 960.89	0.79	0.59	
	"十一五"	13.56	9 566.90	0.70	0.37	
	"十二五"	8.27	5 914.34	0.78	0.32	
	"十三五"	9.59	1 335.25	0.89	0.14	

注：根据京津冀地区能源统计年鉴数据，此处"十三五"时期仅为2016—2018年数据。

①从脱钩评价指标变化看，"八五"—"十三五"时期，首先，京津冀地区人均GDP年均增长率总体呈现下降态势，从高速发展逐步转向高质量发展。其次，北京与津冀地区能源消耗量增长变化的差异性较大，北京呈现"先增后减再增"趋势，津冀地区呈现"先增后减"趋势，但京津冀地区能源消耗量增长总体趋于下降。其中，北京从823.6万t降至466.97万t；天津从"十三五"时期开始实现能源消耗量负增长；河北从2 768.19万t降至1 087.76万t。然后，"八五"—"十三五"时期，京津冀地区能耗强度变化指数始终小于1，但能耗强度变化指数趋于扩大，能耗效率提升较慢。

②"八五"—"十三五"时期，京津冀地区经济发展与能源消耗的脱钩弹性系数与脱钩态势表现较大差异性。首先，从脱钩弹性系数来看，北京呈现"先扩大、后缩小、再扩大"趋势，天津呈现"先缩小、后扩大、再缩小"趋势，而河北呈现"先扩大、后缩小"趋势。其中，北京总体略有扩大，天津"十三五"时期开始缩小为负值，河北总体略有缩小。其次，从脱钩态势来看，京冀地区呈现长期稳定的"弱脱钩"态势，天津自"十三五"时期开始呈现由"弱脱钩"向"强脱钩"转变态势。总体来看，京冀地区经济发展与能源消耗仍处"弱脱钩"态势，而天津处于"强脱钩"态势。

③受北京、天津和河北能源消耗的叠加作用影响，京津冀整体呈现长期稳定的"弱脱钩"态势，但脱钩弹性系数自"十五"时期达到高峰值0.59后开始逐渐下降。至"十三五"时期已明显低于"八五"时期，进入"经济发展正向增长，能源消耗总量增速低于经济增速、能耗强度持续提升"的较理想状态。总体来看，京津冀整体经济发展尚未摆脱对能源消耗的依赖性。

为此，根据式(8.2)、式(8.3)，在确定京津冀地区产业能耗结构变迁与双控行动成效基础上,测算京津冀产业能耗量变化的结构调整、技术进步效应。并结合表8.1、式(8.1)和式(8.3),确定京津冀地区不同产业经济发展与能源消耗的脱钩弹性系数,评价京津冀地区不同产业经济发展与能源消耗的脱钩态势,深度解析京津冀地区经济发展与能源消耗的驱动机制。

8.3.2 京津冀产业能耗结构变迁与双控行动成效

"八五"—"十三五"时期,京津冀产业结构调整与双控行动成效,见表8.3。根据表8.3可知:

(1) 从产业能耗结构调整看,"八五"—"十三五"时期,京津冀地区第一产业能耗结构占比均值持续下降(仅"十三五"时期天津略有上升),但第二、第三产业能耗结构占比均值的变化趋势不尽相同。其中,①北京第二产业能耗结构占比持续下降,北京第三产业能耗结构占比持续上升。至"十三五"时期,北京第一、第二、第三产业能耗结构占比均值的变化幅度分别为-3.19%、-38.68%、32.00%,从第二产业能耗结构占比均值最大(64.78%)、转变为第三产业能耗结构占比均值最大(49.88%)。②天津第二、第三产业能耗结构占比均值总体略有下降,第二产业能耗结构占比均值呈现"先下降、后上升、再下降"的变化态势,第三产业能耗结构占比均值呈现"先上升、后下降、再上升"的变化态势。至"十三五"时期,天津第一、第二、第三产业能耗结构占比均值的变化幅度分别为-1.43%、-1.37%、-1.75%,第二产业能耗结构占比均值仍最大,仅从68.37%降至67.00%。③河北第二、第三产业能耗结构占比均值总体大幅上升,第二产业能耗结构占比均值呈现"先上升、后下降"的变化态势,第二产业能耗结构占比均值呈现"先上升、后下降、再上升"的变化态势。至"十三五"时期,河北第一、第二、第三产业能耗结构占比均值的变化幅度分别为-2.33%、11.13%、7.50%,第二产业能耗结构占比均值仍最大,从63.92%升至75.05%。

(2) 从产业能耗增长看,至"十三五"时期,北京第一、第二产业能耗量实现负增长,天津第二产业能耗量实现负增长。其中,①从"十五"时期开始,北京第一、第二产业能耗量总体负增长(仅"十一五"时期分别增长13.10万t、0.4万t);北京第三产业能耗量增长呈现"先上升、后下降"变化态势,从"十二五"时期开始逐渐下降,但未实现负增长。②天津第一、第三产业能耗量总体未实现负增长(仅"九五""十五"时期分别为负增长);天津第二产业能耗量至"十三五"时期开始实现负增长。③从"十五"时期开始,河北第一、第二产业能耗量增长呈现下降态势;河北第三产业能耗量增长呈现持续上升态势,至"十三五"时期呈现下降态势。但至"十三五"时期,河北三次产业能耗量均未实现负增长。

表8.3 不同规划期京津冀能耗结构调整与双控行动成效

产业	规划期	能耗结构占比均值(%) 北京	天津	河北	能源消耗量增长变化(万t) 北京	天津	河北	能耗强度变化指数 北京	天津	河北
第一产业	"八五"	4.19	2.86	4.53	14.7	5.18	−45.28	0.68	0.49	0.31
	"九五"	2.56	2.27	2.94	−15.6	−11.13	71.18	0.81	0.69	0.96
	"十五"	2.04	2.12	2.89	−19.4	4.62	198.60	0.73	0.71	0.93
	"十一五"	1.52	1.51	2.55	13.1	15.40	142.82	0.82	0.96	0.69
	"十二五"	1.41	1.31	2.29	−13.9	27.24	−44.82	0.76	0.94	0.70
	"十三五"	1.00	1.43	2.21	−23.9	2.38	35.16	0.83	1.24	1.09
第二产业	"八五"	64.78	68.37	63.92	608.3	453.01	2462.02	0.55	0.47	0.47
	"九五"	62.45	66.50	64.22	96.4	−202.95	354.66	0.65	0.53	0.55
	"十五"	51.66	66.49	67.40	−61.1	817.11	9190.27	0.50	0.62	1.12
	"十一五"	37.10	70.39	76.23	0.4	1842.00	4379.17	0.60	0.78	0.63
	"十二五"	30.73	72.68	81.98	−461.4	1484.62	2130.83	0.60	0.85	0.82
	"十三五"	26.10	67.00	75.05	−67.5	−450.64	414.03	0.80	0.93	1.14
第三产业	"八五"	17.89	19.04	2.84	117.4	113.29	222.42	0.30	0.38	0.80
	"九五"	22.73	19.50	7.53	448.2	156.83	416.59	0.66	0.61	1.12
	"十五"	30.45	18.32	6.23	690.8	−49.77	578.40	0.69	0.42	0.89
	"十一五"	37.25	15.70	7.01	882.7	296.36	679.81	0.69	0.59	0.70
	"十二五"	46.32	14.73	8.76	658.2	422.54	839.19	0.72	0.73	0.84
	"十三五"	49.88	17.29	10.34	368.8	50.65	212.87	0.74	0.81	0.79

注：根据京津冀地区能源统计年鉴数据计算，此处"十三五"时期仅为2016—2018年数据。

(3) 从能耗强度变化看,京津冀地区三次产业的能耗强度变化指数始终小于1,能耗效率持续提升(仅"十三五"时期津冀地区第一产业、河北第二产业的能耗强度变化指数大于1,能耗效率未得到有效提升),但提升空间逐步缩小。其中北京第三产业能耗效率提升最快,天津第一产业能耗效率提升最快,河北第二产业能耗效率提升最快。北京比津冀地区的第三产业能耗效率提升快,河北比京津地区的第一、第二产业能耗效率提升快。

8.3.3 京津冀产业能耗脱钩的驱动效应分解及脱钩态势

"八五"—"十三五"时期,京津冀产业能耗脱钩的驱动效应分解及脱钩态势,见表8.4。根据表8.4可知:

① 北京第一、第二产业能耗的结构调整效应总体下降。"九五"—"十二五"时期,第一、第二产业能耗的技术进步效应绝对值总体超过结构调整效应,脱钩弹性系数为负值("十一五"时期第二产业能耗的脱钩弹性系数趋于零),第一、第二产业发展与能耗呈现较为稳定的"强脱钩"态势。至"十三五"时期,第二产业发展与能耗维持"强脱钩"态势。而第一产业能耗的结构调整效应显著,与其技术进步效应均实现负增长。但由于第一产业增加值下降,第一产业发展与能耗呈现"衰退性脱钩"态势。同时,第三产业能耗的技术进步效应绝对值与结构调整效应的差距呈现"先迅速扩大、后缓慢缩小"态势,脱钩弹性系数总体上升。第三产业能耗的技术进步效应绝对值仍低于结构调整效应,第三产业发展与能耗仍呈现"弱脱钩"态势。

② "八五"—"十二五"时期,天津第一、第二产业能耗的结构调整效应波动式下降。但第一、第二产业能耗的结构调整效应总体大于技术进步效应绝对值,除"九五"时期,脱钩弹性系数均为正值,第一、第二产业发展与能耗均呈现"弱脱钩"态势。至"十三五"时期,由于第二产业增加值下降,第二产业发展与能耗呈现"衰退性脱钩"态势。而第一产业增加值下降、能耗增长、能耗效率下降,第一产业发展与能耗呈现"强负脱钩"态势。同时,第三产业能耗的结构调整效应与技术进步效应绝对值之间的差距表现为扩大、缩小交替变化态势,但除"十五"时期,第三产业能耗的技术进步效应绝对值仍低于结构调整效应,第三产业发展与能耗呈现稳定的"弱脱钩"态势

③ "九五"—"十一五"时期,河北第一、第二产业能耗的结构调整效应波动式下降,第一、第二产业能耗的技术进步效应绝对值明显低于结构调整效应,脱钩弹性系数总体为正值,第一、第二产业发展与能耗总体呈现较为稳定的"弱脱钩"态势。至"十二五"时期,第二产业发展与能耗仍呈现"弱脱钩"态势,而第一

表 8.4 不同规划期京津冀产业能耗变化的驱动效应分解及脱钩态势

产业	规划期	北京 结构调整效应	北京 技术进步效应	北京 脱钩弹性系数	北京 脱钩态势	天津 结构调整效应	天津 技术进步效应	天津 脱钩弹性系数	天津 脱钩态势	河北 结构调整效应	河北 技术进步效应	河北 脱钩弹性系数	河北 脱钩态势
第一产业	"八五"	59.94	−45.24	0.21	弱脱钩	58.37	−53.19	0.07	弱脱钩	370.43	−415.72	−0.08	强脱钩
	"九五"	8.51	−24.11	−1.66	强脱钩	12.43	−23.56	−0.76	强脱钩	82.43	−11.25	0.85	弱脱钩
	"十五"	10.78	−30.18	−1.56	弱脱钩	26.08	−21.46	0.15	弱脱钩	232.33	−33.73	0.82	强脱钩
	"十一五"	31.31	−18.21	0.38	强脱钩	18.19	−2.79	0.83	强负脱钩	381.73	−238.91	0.32	强负脱钩
	"十二五"	11.06	−24.96	−1.11	衰退性脱钩	32.95	−5.71	0.80	强脱钩	199.28	−244.10	−0.19	
	"十三五"	−10.87	−13.03	2.02		−20.39	22.77	−0.13		−19.64	54.80	−1.87	
第二产业	"八五"	1 947.95	−1 339.65	0.24	弱脱钩	1 803.33	−1 350.32	0.18	弱脱钩	7 055.21	−4 593.19	0.26	弱脱钩
	"九五"	1 153.15	−1 056.75	0.07	强脱钩	904.08	−1 107.03	−0.17	强脱钩	4 503.02	−4 148.36	0.06	扩张性负脱钩
	"十五"	1 744.62	−1 805.72	−0.03	弱脱钩	1 865.97	−1 048.86	0.35	弱脱钩	7 891.90	1 298.37	1.24	弱脱钩
	"十一五"	1 269.33	−1 268.93	0.000 3		2 694.13	−852.13	0.61	衰退性脱钩	13 400.47	−9 021.30	0.27	弱脱钩
	"十二五"	644.40	−1 105.80	−0.57		2 313.25	−828.63	0.59		6 370.75	−4 239.92	0.30	强负脱钩
	"十三五"	352.34	−419.84	−0.17	强脱钩	−67.66	−382.98	6.44		−2 473.96	2 887.99	−0.18	
第三产业	"八五"	1 024.72	−907.32	0.07		616.84	−503.55	0.13	弱脱钩	284.07	−61.65	0.70	弱脱钩
	"九五"	838.41	−390.21	0.44		450.39	−293.56	0.28	强脱钩	351.78	64.81	1.26	扩张性负脱钩
	"十五"	1 251.78	−560.98	0.47	弱脱钩	529.21	−578.98	−0.07		709.62	−131.22	0.77	
	"十一五"	1 768.11	−885.41	0.42		723.97	−427.61	0.33	弱脱钩	1 313.42	−633.61	0.44	弱脱钩
	"十二五"	1 666.39	−1 008.19	0.34		787.97	−365.43	0.46		1 279.82	−440.63	0.60	
	"十三五"	1 443.13	−1 074.33	0.22		329.20	−278.55	0.14		920.35	−707.48	0.21	

注:根据京津冀地区能源统计年鉴数据,此处"十三五"时期仅为 2016—2018 年数据。

产业能耗的技术进步效应绝对值超过结构调整效应,第一产业发展与能耗呈现"强脱钩"态势。至"十三五"时期,第一、第二产业能耗的结构调整效应显著,均实现负增长。但第一、第二产业增加值下降、能耗增长、能耗效率下降,第一、第二产业发展与能耗呈现"强负脱钩"态势。同时,第三产业能耗的技术进步效应绝对值始终低于结构调整效应,第三产业发展与能耗总体呈现"弱脱钩"态势。

8.3.4 京津冀经济发展与能耗脱钩的驱动机制分析

根据表 8.2 至表 8.4 可知:

① 北京产业结构转型升级、强化双控行动的成效显著。至"十三五"中期,第一产业能耗的结构调整效应逐渐实现负增长,与技术进步效应一起发挥显著作用,加快实现第一产业发展与能耗脱钩。第二产业能耗的技术进步效应发挥显著作用。同时,由于第三产业能耗的结构调整效应仍占主导作用,技术进步效应未发挥显著作用,第三产业能耗未实现负增长。总体来看,北京尚未完全达到能耗顶峰和能耗增量"拐点",北京经济发展与能耗总体为"弱脱钩"。第一、第二产业的技术进步效应成为加速第一、第二产业发展与能耗脱钩的主要驱动力。

② 天津产业结构转型升级、强化双控行动的成效不明显。至"十三五"时期,第一、第二产业能耗的结构调整效应逐渐实现负增长,第二产业能耗的结构调整效应与技术进步效应一起发挥显著作用,加快实现第二产业发展与能耗脱钩。而第一产业能耗的技术进步效应未发挥显著作用。同时,第三产业能耗的结构调整效应仍占主导作用,第三产业能耗未实现负增长。总体来看,天津仍未达到能耗顶峰和能耗增量"拐点",天津经济发展与能耗呈现较为稳定的"弱脱钩"态势,仅"十三五"时期实现"强脱钩"态势,且主要取决于生活能耗下降。技术进步效应仍是加速天津经济发展与能耗脱钩的主要驱动力,但未发挥显著作用。

③ 河北产业结构转型升级、强化双控行动的成效不明显。至"十三五"时期,第一、第二产业能耗的结构调整效应逐渐实现负增长,而第一、第二产业能耗的技术进步效应未发挥显著作用。同时,虽然第三产业能耗的技术进步效应上升,但第三产业能耗的结构调整效应仍占主导作用。总体来看,河北仍未达到能耗顶峰和能耗增量"拐点",河北经济发展与能耗呈现较为稳定的"弱脱钩"态势。技术进步效应仍是加速河北经济发展与能耗脱钩的主要驱动力,但未发挥显著作用。

综上,技术进步效应是加快实现京津冀地区经济发展与能耗脱钩的主要驱动力。自"九五"时期开始,随着京津冀地区地方政府加大节能减排政策力度,促使工业企业加快改进生产工艺,提升能耗效率,京津地区第二产业能耗得到控制。其中,北京工业结构最优,低耗能、低污染、高附加值的工业行业占据主体地位。相对于天津和河北,北京节能减排政策的制定标准高、监管措施严、落实力度大,有效激励了北京工业企业加速节能型技术进步,提升了北京工业能耗强度。天津积极推广各类节能技术,提升工业节能强度。河北工业结构相对落后,高耗能、高污染、低附加值的工业行业占比较大,工业能耗仍维持低速增长,说明河北的工业节能理念尚未得到严格落实,在节能减排政策制定实施过程中注重短期目标,不利于增强节能减排目标落实的长效性。面临经济下行压力,河北仍存在以提高能耗量为代价、稳定经济增长的现象。因此,河北亟须提高工业能耗强度,提升工业能耗的技术进步效应,加快推动河北工业经济发展与能耗脱钩。此外,京津冀地区亟须通过提升能源科技创新能力,提高第三产业能耗强度,并加速第三产业结构转型升级,快速降低第三产业能耗的结构调整效应,从而缩小技术进步效应绝对值与结构调整效应的差距,保障实现京津冀地区第三产业发展与能耗脱钩。

8.4 结语

本章构建了双控行动下京津冀经济发展与能源消耗脱钩评价模式,动态评价了不同规划期京津冀地区经济发展与能源消耗的脱钩态势。并结合京津冀地区不同产业的结构调整与技术进步,进行产业能耗增量的驱动效应分解,深度解析京津冀地区能耗脱钩的驱动机制。研究表明,与我国主要城市群相比,京津冀地区经济发展与产业能耗受区位要素、能源资源禀赋约束和相关政府政策影响较大,京津冀地区能源资源禀赋与产业能耗结构具有显著的空间异质性,服务业成为北京经济社会发展的主要驱动力,工业仍是天津和河北经济社会发展的主要驱动力。从研究结果来看:①京津冀地区经济发展与能耗长期呈现较为稳定的"弱脱钩"态势。北京双控行动成效显著,而津冀地区双控行动成效不明显。北京比津冀地区的第三产业能耗效率提升快,河北比京津地区的第一、第二产业能耗效率提升快。②至"十三五"时期,京津冀地区仍未达到能耗顶峰和能耗增量"拐点",技术进步效应是加快实现京津冀地区经济发展与能耗脱钩的主要驱动力。③至"十三五"时期,京津冀地区第一产业能耗的结构调整效应发挥显著作用,津冀地区第二产业能耗的结构调整效应发挥显著作用。未来,结构调整效应将与技术进步效应一并成为推动京津冀地区经济发展与能耗脱钩的重要驱动力。④京津冀地区第三产业能耗的结构调整效应仍未发挥显著作用,亟须加速第三产业结构转型升级,强化第三产业能耗的结构调整效应作用。并通过提升能源科技创新能力,提高第三产业能耗效率。

为实现京津冀地区经济发展与能耗脱钩,必须贯彻落实绿色发展理念,加快制定能源绿色发展规划,加大政府管理部门对能源资源或碳排放控制考核,或节能减排、环境保护政策的实施力度。并打破行政壁垒,加速推进节能型技术在不同行政区间流动,强化技术进步效应的导向作用。在严控京津冀地区第一产业能耗零增长的前提下,加大京津冀地区工业结构调整力度,提高津冀地区工业能耗强度,提升天津和河北能耗的技术进步效应。同时,因地制宜强化京津冀地区第三产业转型升级与双控行动政策的导向作用,通过提升能源科技创新能力,提高第三产业能耗强度,快速提升第三产业能耗的技术进步效应。并通过加快第三产业转型升级,优化第三产业结构,加速发挥第三产业能耗的结构调整效应作用。

参考文献

[1] Carter A P. The economics of technological change[J]. Scientific American,1966,214:25-31.

[2] FRIEDRICH S B, RAINER K. Wieviel umwelt raucht der mensch? mips-das mass fuer oekologisches wirtschaften[M]. Basel, Boston:Berlin, 1993.

[3] WEIZSÄCKER E U V, LOVINS A B, LOVINS L H, et al. Factor four:doubling wealth, halving resource use[M]. London:Earthscan, 1997.

[4] OECD. Indicators to measure decoupling of environmental pressure from economic growth[R]. Paris:OECD, 2002.

[5] DE BRUYN S M, OPSCHOOR J B. Developments in the throughput-in-come relationship:theoretical and empirical observations [J]. Ecological economics, 1997, 20(3):255-268.

[6] TAPIO P. Towards a theory of decoupling:Degrees of decoupling in the EU and the case of road traffic in Finland between 1970 and 2001 [J]. Journal of Transport Policy, 2005 (12):137-151.

[7] VEHMAS J, KAIVO-OJA J, LUUKKANEN J, et al. Global trends of linking environmental stress and economic growth[M]. Turku:Finland Futures Research Centre, 2003, 6-9.

[8] AYRES R U, AYRES L W, WARR B, et al. Energy, power and work in the US economy, 1900-1998[J]. Energy, 2003, 28(3):219-273.

[9] Kraft J, Kraft A. On the relationship between energy and GNP[J]. The Journal of

Energy and Development,1978,3(2):401-403.

[10] Paul S, Bhattacharya R N. Causality between energy consumption and economic growth in India: A note on conflicting results[J]. Energy Economics,2004,26(6):977-983.

[11] CLIMENT F, PARDO A. Decoupling factors on the energy-output linkage: The Spanish case[J]. Energy Policy,2007,35(1):522-528.

[12] VAN DER VOET E, VAN OERS L, MOLL S, et al. Policy review on decouping: development of indicators to assess decoupling of economic development and environmental pressure in the EU-25 and AC-3 countries[J]. eu Commission,2005.

[13] Pirlogea C, Cicea C. Econometric perspective of the energy consumption and economic growth relation in European Union[J]. Renewable and Sustainable Energy Reviews,2012,16(8):5718-5726.

[14] 刘怡君,王丽,牛文元.中国城市经济发展与能源消耗的脱钩分析[J].中国人口·资源与环境,2011,21(1):70-77.

[15] 王蕾,魏后凯.中国城镇化对能源消费影响的实证研究[J].资源科学,2014,36(6):1235-1243.

[16] 叶翠红,赵玉林.基于尖点突变模型的中国省域能源强度差异的实证分析[J].中国科技论坛,2014(10):132-137.

[17] Yang J, Zhang W, Zhang Z. Impacts of urbanization on renewable energy consumption in China[J]. Journal of Cleaner Production,2016,114:443-451.

[18] 张宽,漆雁斌,沈倩岭.基于扩展生产函数北京市能源消费与经济增长关系——Toda-Yamomoto因果检验和脱钩视角下的分析[J].系统工程,2017,35(9):79-86.

[19] Zhou X, Zhang M, Zhou M, et al. A comparative study on decoupling relationship and influence factors between China's regional economic development and industrial energy-related carbon emissions[J]. Journal of Cleaner Production,2017,142:783-800.

[20] 何则,杨宇,宋周莺,等.中国能源消费与经济增长的相互演进态势及驱动因素[J].地理研究,2018,37(8):1528-1540.

[21] 岳立,宋雅琼,江铃峰."一带一路"国家能源利用效率评价及其与经济增长脱钩分析[J].资源科学,2019,41(5):834-846.

[22] 李廉水,周勇.技术进步能提高能源效率吗?——基于中国工业部门的实证检验[J].管理世界,2006(10):82-89.

[23] 王欢芳,胡振华.中国制造行业发展与碳排放脱钩测度研究[J].科学学研究,2012,30(11):1671-1675.

[24] 杨良杰,吴威,苏勤,等.江苏省交通运输业能源消费碳排放及脱钩力[J].长江流域资源与环境,2014,23(10):1383-1390.

[25] 郭轲,王立群.京津冀能源消费与经济增长互动关系追踪[J].城市问题,2015(5):52-59.

[26] 陈欢,朱清源,辛路.京津冀地区经济增长与能源碳排放关系研究——基于脱钩理论的应

用分析[J].价格理论与实践,2016(12):180-183.
[27] 程海森,马婧,樊昕晔.京津冀能源消费、经济增长与碳排放关系研究[J].现代管理科学,2017(11):81-83.
[28] 何音,蔡满堂.京津冀地区经济增长与资源环境的脱钩关系[J].北京理工大学学报(社会科学版),2016,18(5):33-41.
[29] 汪泽波.京津冀地区城镇化对能源消费的动态冲击效应——基于SVAR模型的分析[J].干旱区资源与环境,2016,30(9):7-13.
[30] 王仲瑀.京津冀地区能源消费、碳排放与经济增长关系实证研究[J].工业技术经济,2017,36(1):82-92.
[31] 王凤婷,方恺,于畅.京津冀产业能源碳排放与经济增长脱钩弹性及驱动因素——基于Tapio脱钩和LMDI模型的实证[J].工业技术经济,2019,38(8):32-40.
[32] 王风云,苏烨琴.京津冀能源消费结构变化及其影响因素[J].城市问题,2018(8):59-67.
[33] 王韶华,张伟.京津冀能源强度的空间特征及供给侧降耗路径研究[J].技术经济,2019,38(9):113-120.